咀嚼
初中物理课堂

发展学生核心素养的
物理教学探究

PHYSICS

杨 娟/著

湖南大学出版社
·长沙·

图书在版编目（CIP）数据

咀嚼初中物理课堂：发展学生核心素养的物理教学探究/杨娟著. —长沙：湖南大学出版社，2022.10

ISBN 978-7-5667-2708-4

Ⅰ.①咀… Ⅱ.①杨… Ⅲ.①中学物理课—课堂教学—教学研究—初中 Ⅳ.①G633.72

中国版本图书馆 CIP 数据核字（2022）第 188279 号

咀嚼初中物理课堂

——发展学生核心素养的物理教学探究

JUJUE CHUZHONG WULI KETANG——FAZHAN XUESHENG HEXIN SUYANG DE WULI JIAOXUE TANJIU

著　　者：杨　娟
责任编辑：黄　旺
印　　装：长沙创峰印务有限公司
开　　本：710 mm×1000 mm　1/16　　印　张：11　字　数：171 千字
版　　次：2022 年 10 月第 1 版　　　印　次：2022 年 10 月第 1 次印刷
书　　号：ISBN 978-7-5667-2708-4
定　　价：39.00 元

出 版 人：李文邦
出版发行：湖南大学出版社
社　　址：湖南·长沙·岳麓山　　　　邮　　编：410082
电　　话：0731-88822559（营销部），88821327（编辑室），88821006（出版部）
传　　真：0731-88822264（总编室）
网　　址：http://www.hnupress.com
电子邮箱：274398748@qq.com

每个孩子都是独一无二的，个性十足的。我们应用爱的眼光去发现他们的个性之美，用包容的心态去接纳他们的不足，尝试蹲下来和他们交流，在与他们交流的过程中和他们一起成长。

——杨娟

序　言

　　2016 年，我国发布的《中国学生发展核心素养》中指出"核心素养"是指学生在 21 世纪应该具备的能够适应个人终身发展和社会发展需要的必备品格和关键能力。2017 年，我国发布了高中阶段各个学科的课程标准（2017 年版）。2019 年，中共中央、国务院印发了《中国教育现代化 2035》，再一次明确指出构建符合《中国学生发展核心素养》框架的质量评价标准。2022 年，教育部发布了义务教育阶段课程方案（2022 年版）和课程标准（2022 年版）。

　　基于这样的课改新背景，如何把核心素养落实到日常的教学当中，是一线教师迫切需要解决的问题。本书是石门四中杨娟老师在自己 20 多年的教学实践基础上，研究出的符合核心素养的初中物理课堂教学策略与教学实例。杨老师经历了"双基目标"到"三维目标"再到"核心素养"的国家教育教学发展与改革过程，她在教学中不断反思，不断实践，提出了符合新课程理念的一系列行之有效的教学策略。整个书稿的创作历经两年半，书中选取的所有教学案例都是杨老师自己所原创的成果。虽然创作本书只用了两年半的时间，但是杨老师为创作本书所做的准备却花了很长时间，研究功底非常扎实。字里行间，体现了杨老师对初中物理教育教学的情怀与热爱，凸显了她在初中物理课堂教学中的执着和追求。

本书主要以人教版（2011年）的初中物理教材和课程标准（2022版）为研究对象，既有理论论述，也有实践成果。全书分为发展学生核心素养的重要意义、发展学生核心素养的课堂教学策略、发展学生核心素养的经典案例三个部分，囊括了杨老师参与湖南省省级规划课题"基于科学思维培养的初中物理课堂教学优化策略研究"的研究成果。

本书主要有以下特点：①具有前瞻性，教学理念先进，紧跟课改潮流；②具有创新性，以教学策略和经典案例为纲，实现对传统教学的突破；③具有实操性，内容紧贴课堂一线，真实展现实际教学情景。

本书凝聚了杨老师的教育心血，也展示了杨老师在初中物理教育教学上的成长轨迹与心路历程。作为一名一线物理老师，把自己的研究成果付梓，令人佩服！我很高兴看到年轻教师在专业发展道路上展现出的不断进取的精神，也衷心希望杨老师在专业发展道路上继续努力，不忘初心，更上一层楼。

是为序。

何　蓁

前　言

　　一直以来，我都觉得出书对自己来说是一件可望而不可即的事情。2014—2016 年，在湖南师范大学进行"未来教育家"国培期间，师大的老师们一直也希望我们能够出版专著，那时的我第一反应就是"不可能"。在 2020 年经历过新型冠状病毒肺炎疫情后，感叹生命的可贵，突然觉得是不是可以静下心来写一些东西，整理和提炼一下自己的教学思路，或许可以把不可能变成可能。在常德市教师工作坊坊主培训班的同学——来自安乡深柳中学的刘业庆老师和澧县梦溪镇中学刘银辉校长的鼓励下，这个想法逐渐变为现实。

　　我进入到初中物理教学岗位有 20 多个年头了，经历了教学目标由"双基目标"到"三维目标"再到"核心素养"的三个阶段，自己一直跟着国家的课改步伐在行走在实践。在教学设计中，我的最大感受就是需要深度解读课程标准，反复阅读物理教材，备课越充分，资源整合越到位，课堂效果越能达到课程标准所要求达到的目标。本书的案例主要产生于"核心素养"理念开始席卷中华大地之时，所以书名便取为《咀嚼初中物理课堂——发展学生核心素养的物理教学探究》。

　　本书主要采用实例和理论相结合的方式来进行教学策略的研究与探讨。"发展学生核心素养的重要意义"一章由对国家政策关于"核心素养"意义的解读摘要和我自己对于"核心素养"的理解两部分组成。在"发展学生核心素养的课堂教学策略"一章，我一共归纳总结了18种策略，这18种策略的使用并不是孤立的，一堂课中往往是多种策略搭配灵活运用。青年教师可以通过对这18种策略的学习来获得一些启发和灵感，学会教学策略的理性取舍与科学组合，从而促进自己的快速成长。当然，教学策略多如牛毛，我所归纳的仅仅是冰山一角。"发展学生核心素养的经典案例"一章展示的是我近些年来所上的一些校级、县级、市级、省级、国家级教研课、公开课、录播课、比武课。在总结的过程中，我看到了国家教育的发展，看到了自己的成长，也看到了学生的进步，更看到了团队合作和终生学习的重要性。

　　路漫漫其修远兮，吾将上下而求索。在我的人生第一本专著要出版之际，我想感谢的真的很多。首先要感谢的是我们伟大的祖国和伟大的党，让我们能处在这样一个和平年代；还要感谢给我提供发展机会与舞台的各级政府、教育行政部门、我所在的学校，正是他们提供了良好的政策和环境，才让我在工作中获得满满的幸福感，也让我的业务水平得到快速提高；更要感谢我的家人，在我的成长道路上他们从来都是默默无闻的陪伴者与支持者。

　　在成书过程中，石门三中、石门四中物理组全体同人，湖南省名师网络工作室杨娟初中物理工作室、常德市初中物理名师（杨娟）工作室、常德市初中物理教师（杨娟）工作坊全体成员，湖南省省级规划课题"基于科学思维培养的初中物理课堂教学优化策略研究"课题组全体成员等一线初中物理教育工作者给予我极大的帮助；湖南省中学物理教研员何蓁老师为本书作序，常德市教科院副院长、中学物理教研员傅广生老师提出很多宝贵建议；石门县委宣传部、石门县融媒体中心、湖南省演艺集团、华声在线股份有限公司等单位，以及张天夫、杨昌伟、唐亚翔等专家，王芳、李若丹、潘璐、贺礼军、丁静等老师无私地为本书提供了一些图片和教学素材；湖南大学出版社的编辑们也为此书的出版付出了辛苦劳动。对以上单位和个人，在此一并表示感谢。

由于自身的水平和能力有限，书中难免有很多遗漏和错误之处，欢迎各位老师和广大读者批评指正！

杨　娟

目　次

第一章　发展学生核心素养的重要意义 ················· 001

　　第一节　国家的政策支撑与解读 ················· 001

　　第二节　个人的视角与感受 ················· 003

第二章　发展学生核心素养的课堂教学策略 ················· 007

　　第一节　以人为本 ················· 007

　　第二节　德育渗透 ················· 014

　　第三节　情境创设 ················· 017

　　第四节　赋能成长 ················· 021

　　第五节　循序渐进 ················· 029

　　第六节　多元创新 ················· 034

　　第七节　精准探究 ················· 041

　　第八节　适度质疑 ················· 047

　　第九节　深耕单元 ················· 051

　　第十节　化繁为简 ················· 055

　　第十一节　化简为繁 ················· 062

第十二节　激励为主 ··· 068

第十三节　问题导向 ··· 072

第十四节　学科跨界 ··· 074

第十五节　多样实验 ··· 077

第十六节　教材为根 ··· 081

第十七节　概念内化 ··· 086

第十八节　应用图形 ··· 089

第三章　发展学生核心素养的经典案例 ················· 094

第一节　《流体压强与流速的关系》新授课 ··············· 094

第二节　《声音的特性》新授课 ·························· 106

第三节　《眼睛和眼镜》新授课 ·························· 116

第四节　《牛顿第一定律》新授课 ························ 125

第五节　《汽化和液化》新授课 ·························· 132

第六节　《物体的浮沉条件及应用》新授课 ··············· 140

第七节　透镜及其应用单元复习课 ························ 145

第八节　内能单元复习课 ······························· 153

参考文献 ··· 161

后　记 ·· 164

第一章

发展学生核心素养的重要意义

第一节　国家的政策支撑与解读

为深入落实党的十八大报告中提出的立德树人根本任务，2014 年教育部印发《关于全面深化课程改革落实立德树人根本任务的意见》，提出"研究制订学生发展核心素养体系和学业质量标准，要根据学生的成长规律和社会对人才的需求，把对学生德智体美劳全面发展总体要求和社会主义核心价值观的有关内容具体化、细化，深入回答'培养什么人、怎样培养人'的问题"。中国学生发展核心素养以马克思主义为指导，扎根中华优秀传统文化和社会主义先进文化，以培养"全面发展的人"为核心，分为文化基础、自主发展、社会参与三个方面，综合表现为人文底蕴、科学精神、学会学习、健康生活、责任担当、实践创新六大素养。[1]学科核心素养是学科育人价值的集中体现，是学生通过学科学习而逐步形成的正确价值观、必备品格和关键能力。物理学科核心素养主要包括"物理观念""科学思维""科学探究""科学态度与责任"四个方面。[2]义务教育物理课程是一门以实验为基础的自然科学课程，与小学科学和高中物理课程相衔接，与化学、生物学等课程相关联，具有基础性、实践性等特点。义务教育物理课程旨在促进人类科学事业的传承与社会的发展，帮助学生从物理学视角认识自然，解决相关实际问题，初步形成科学的自然观；引导学生经历科学探究过程，学习科学研究方法，养成科学思维习惯，进而学会学习；引领学生认识科学、技术、社会、环境之间的关系，形成科学态度与正确价值观，增强社会责任感、民族自豪感；激发学生热爱党、热爱祖国、热爱人民的情感，为培养德智体美劳全面发展的社会主义建设者和接班人奠定基础。[3]

综合世界各个国家和地区以及国际组织对核心素养概念内涵的界定，同时考虑到不同学科角度对核心素养的研究，以及我国的现实需求和教育实际，可以将核心素养界定为：核心素养是学生在接受相应学段的教育过程中，逐步形成适应个人终身发展和社会发展需要的必备品格与关键能力，它是关于学生知识、技能、情感、态度、价值观等多方面要求的结合体；它指向过程，关注学生在其培养过程中的体悟，而非结果导向；同时，核心素养兼具稳定性、开放性与发展性，是一个伴随终身可持续发展、与时俱进的动态优化过程，是个体能够适应未来社会、促进终身学习、实现全面发展的基本保障。核心素养不仅能够促进个体发展，同时也有助于形成运行良好的社会。[4]

在目标上，核心素养的概念指向的是对"教育应该培养什么样的人"这一问题的回答。在性质上，核心素养是所有学生应具有的共同素养，是最关键、最必要的共同素养。在内容上，核心素养是知识、技能和态度等的综合表现。在功能上，核心素养同时具有个人价值和社会价值。在培养上，核心素养是在先天遗传的基础上，综合后天环境的影响而获得的，可以通过接受教育来形成和发展。在评估上，核心素养需结合定性与定量的测评指标进行综合评价。在架构上，核心素养应兼顾个体与文化学习、社会参与和自我发展的关系。在发展上，核心素养具有终身发展性，也具有阶段性。核心素养是所有人都应该具备的素养，每个人都需要不断发展，但其形成不是一蹴而就的，具有终生的连续性，最初在学校中培养，随后在一生中不断发展完善。在作用发挥上，核心素养具有整合性。[4]

第二节　个人的视角与感受

我自 1997 年开始担任一线物理教师以来，经历了教学目标从"双基目标"到"三维目标"到"核心素养"的转变。教学目标的变化也给我的教学设计带来了相应的变化，自己的教学主张与理念也有了相应的调整，我也经历了从观念改变到操作改变，从操作改变再到理论水平提升的过程，自己的物理教育教学水平也在这种历练下快速成长。

现在我就以《2.2 声音的特性》为例来谈谈对"三维目标"到"核心素养"的转变过程的感受，以便促进大家对核心素养的理解与运用。

我在刚接触"三维目标"时，内心深处还是比较迷茫的，觉得很不好操作，不知如何领会知识与技能、过程与方法、情感态度与价值观这三个维度并使其落地。但是通过多次参与校级、县级、市级、省级、国家级的各类教学比武以及与教育教学相关的国培后，我对"三维目标"的认识逐渐清晰起来。在比武的过程中通过对照"三维目标"进行教学资源的整合与拓展来进行课堂教学的顶层设计，通过阅读大量的物理教育期刊以及物理教育著作来充实自己的物理教育教学理论功底；在参加了与教育教学相关的国培后，逐渐把国培理念运用到自己的教育教学中去，不断经历教学实践后反思，反思后再教学实践，让自己的教学风格与国家的相关文件理念保持高度一致。

2016 年，我按照"三维目标"设计的《2.2 声音的特性》被评为教育部 2015—2016 年度"一师一优课、一课一名师"部级优课。在这堂课的设计中，我在研磨教学资源时，就下决心要让自己的教学设计完成既定的三维目标，而且三维目标的落地一定是相互渗透并整体落地，不能是独立地落地，而是互相缠绕互相支撑的。如果有可能，还要求自己在完成既定的三维目标以外，尽可能地在教学技术（如信息化技术）、物理教学与其他学科的跨界融合等领域中要学着去尝试与超越。如表 1-1 所示，我当时设计的《2.2 声音的特性》"三维目标"。

表 1-1　《2.2 声音的特性》的"三维目标"

三维目标	具体内容
知识与技能	1. 声音的特性：音调、响度和音色。 2. 乐音的音调跟发声体的振动频率有关，响度跟发声体的振幅有关。 3. 不同发声体发出乐音的音色不同。
过程与方法	1. 通过做"音调与频率有关的实验"和"响度与振幅有关的实验"进一步学习、了解用科学探究的方法研究物理问题。 2. 学习从物理现象和实验中归纳简单的科学规律，尝试应用已知的科学规律解释具体问题。 3. 注重培养学生合作学习的意识。
情感态度与价值观	1. 乐于探索自然现象和身边的物理原理，乐于参加观察、实验、探究活动。 2. 有主动与他人合作交流的愿望，敢于发表自己的见解。 3. 体会现实世界物体的发声是丰富多彩的，从而更加热爱世界，热爱科学。

经过这堂课的设计和实践，我领悟到在备课时，我们应该用"三维目标"是"一体化"的视角去对"三维目标"进行解读，这样在进行课程资源挖掘、选择时，就会自然而然地考虑资源的多样性、多重性，避免资源的单一性。长期坚持这种解读"三维目标"的好习惯，自己的物理课堂会随之丰富、厚重起来，学生们也会慢慢喜欢上物理课堂，对于培养学生可持续学习物理的兴趣有着非常重要的作用。俗话说得好，"兴趣是最好的老师"。学生长期在这样丰富多彩的物理课堂中是会觉得物理真的是"有趣的、有用的"，物理课堂是妙趣横生、回味无穷的。

随着国家课改的深入，教学目标从"三维目标"转到"核心素养"。物理学科也要担当起"立德树人"的责任与使命，物理学科要从物理观念、科学思维、科学探究、科学态度与责任四个维度引导学生形成正确的人生观、价值观，帮助学生形成适应终身发展和社会发展需要的必备品格和关键能力。2017 年课标也指出，物理教学不仅是对知识的理解和接受，而且更应注重对科学知识体系和认知框架的认识和掌握，强调物理知识的系统化和科学观念的提升。[5]

相对于之前的"三维目标"，对"核心素养"视角下的教学目标我进行了整理与微调（表1-2）。

表1-2 《2.2 声音的特性》的"核心素养"

核心素养	具体内容
物理观念	1. 声音的特性：音调、响度和音色。 2. 乐音的音调跟发声体的振动频率有关，响度跟发声体的振幅有关。 3. 不同发声体发出乐音的音色不同。 4. 应用乐音的三个特性解决生活生产中的相关问题。
科学思维	1. 学习从物理现象和实验中归纳简单的科学规律。 2. 会利用所学的物理知识、物理方法质疑他人的错误观点。
科学探究	1. 会利用生活中常见的器材展示乐音的三个特性，会利用生活中常见器材设计实验探究"乐音的音调跟发声体的振动频率有关，响度跟发声体的振幅有关"。 2. 通过做"音调与频率有关的实验"和"响度与振幅有关的实验"进一步了解、学习用科学探究的方法研究物理问题。 3. 注重培养学生合作学习的意识。
科学态度与责任	1. 乐于探索自然现象和身边的物理原理，乐于参加观察、实验、探究活动。 2. 有主动与他人合作交流的愿望，敢于发表自己的见解。 3. 体会现实世界物体的发声是丰富多彩的，从而更加热爱世界，热爱科学。 4. 在进行物理实验时要有求真务实的实验态度与精神。 5. 多关注"声音的特性"与历史、音乐等学科的交叉融合。

我将原有的"三维目标"里面"过程与方法"中的"尝试应用已知的科学规律解释具体问题"改成"应用乐音的三个特性解决生活生产中的相关问题"，并且把它放到了"物理观念"中，这也是物理知识系统化的体现。

在"科学思维"方面我增加了"会利用所学的物理知识、物理方法质疑他人的错误观点"。培养质疑能力的目的就是培养学生的批判性思维，而这个不是一节课两节课可以解决的，需要老师在长期教学中循序渐进地培养，这就要求老师在每节课的目标与设计中有这种理念与意识。

在"科学探究"方面，我加入了"会利用生活中常见的器材展示乐音的三个特性，会利用生活中常见器材设计实验探究'乐音的音调跟发声体的振动频率有关，响度跟发声体的振幅有关'"，我想要表达的教学思想是培养学生的创新能力。乐音的三个特性与我们的生活息息相关，实验器材唾手可得，对于刚刚接触物理这门学科的八年级学生而言，实验设计难度刚好合适，所以特别适合让学生进行实验设计。例如用硬纸片刮梳子来探究"音调高低与频率的关系"，用鼓和纸团探究"响度大小与振幅的关系"。素材好找，实验难度适中，城区、乡村学校都可开展，所以这是一个利用物理学科知识、方法、思维培养学生创造性思维的良好契机。

在"科学态度与责任"方面，我加入了"在进行物理实验时要有求真务实的实验态度与精神"。在长期教学与听课过程中，我经常发现老师或者学生对于物理实验真实度的把握有些功利化，过于关注实验结果，而不注重实验过程。在物理学科发展的历史长河中，我们可以发现，物理概念与规律一般都是几代科学家经过努力与探索并经历成千上万次的失败才获得的。在物理实验教学中，由于各种原因，老师或者学生都有可能出现实验失败的情况，这时老师不但自己要做到也要告诉学生坦然面对、理性应对。在习题教学中，初中物理相对高中来说知识的深度与广度都不够，某些问题不能用初中物理知识较顺畅地解决，这时老师也要坦然面对，真实解决，不能糊弄学生甚至用错误的知识来引导学生，这就要求老师必须去功利化，戒掉浮躁的心态。

在"科学态度与责任"方面，我还加入了"多关注'声音的特性'与历史、音乐等学科的交叉融合"。音调的高低提到音乐里面不同的音高，还提到湖北随州编钟，这些相关学科的交叉融合可以将零散的概念整合在一起，有助于学生形成对物质世界的完整认识。

课程改革从注重基础能力走向注重高阶思维能力的发展，物理学的发展也要求人们以实事求是的态度对待客观事物。[5]"核心素养"是国家为了更好地参与全球竞争对课程标准进行的一场改革，也是我们一线教师适应未来教学发展的风向标。

第二章

发展学生核心素养的课堂教学策略

第一节 以人为本

在全球化、信息化与知识社会的背景下，各国综合国力的竞争变得越来越激烈，已经从过去表层的生产力水平竞争，转化为深层的以人才为中心的竞争。在这种国际格局下，一切有识之士都认识到，竞争取胜的关键在科技，实质在人才。[4]

1. 深入调查、分析学情

从"三维目标"到"核心素养"的变化过程中，我的最大感触就是教育比以前任何时期都要关注人的发展。在物理课堂教学设计中首先就要考虑学生的学情，学生的学习习惯，学习方法，已有的知识储备，对物理学科的兴趣是否浓厚，与物理学科相关的数学等学科的知识能力是否掌握到位，物理方面的思维、探究能力如何，等等，也都是需要老师考虑的。如果老师担任多个班级的物理教学，更要考虑班级与班级之间的学情是怎样的，有着怎样的差异。

以《10.3 物体的浮沉条件及应用》一课为例，来说说学情分析认真调研的重要性。众所周知，浮力单元一直是学生们害怕的重要考点，不管难度如何降低，思维梯度如何分解，学生总会有畏难的情绪，所以老师在备课分析学情时，尽可能将学情先调查了解得更充分些，把学生可能会出现的问题想得更深一些，这样就会在课堂设计中更加得心应手，使学生能够顺着老师的教学设计自主思考、自主发现、自主探究。在上课前，我对学生们的物理知识储备进行了调研，提出了如下问题：你知道几种浮力计算的方法？你能根据受力分析来判断物体的运动状态吗？你能根据物体的运动状态分析物体的受力吗？密度的物理意义是怎样的？你会画物体的受力分析示意图吗？等等。老师通过问答的方式较为充分地了解学情，让学生对相关教学内容有个预习过程。

浮力单元往往是学习八年级物理力学的一个拐点，学生如果能够循序渐进地面对拐点，科学思维与解决问题能力就会上升一个层次，如果部分学生不能较好地面对，就会同另一部分学生拉开差距，这样就会出现两极分化。老师在进行教学设计时，各种层次的学生，各种学情都要考虑到，要借助小组合作与实验探究以及"希沃白板5"的交互式功能让所有的学生都参与到课堂活动中来，让所有学生都能动脑动手，重点提升学生归纳与演绎、分析与综合等科学思维能力，强化"浮力"概念和物体浮沉状态的条件，提高学生科学探究能力，培养学生求真务实的科学态度，这样才能助力学生自然地应对初中物理力学学习的拐点。这是我根据自己长时间的一线教学加上课前调研，并且结合我所在的城区初中学情总结出来的经验。根据上课的情况看，我对于学情的把握还是比较到位的，学生们的思维拐点因为提前预计到，加上良好的课堂氛围，既定的教学目标完成得较为顺畅。听课教师反馈到：杨老师这堂课对于学情的把握非常到位，学生学得轻松，学得深入，能较为熟练地掌握"物体的浮沉条件及应用"。

2. 科学设计课堂活动

在课堂设计中，学生活动时间一定要大于教师引导时间。同时，在学生活动时间内，还要保证学生思维的质与量、实验探究强度，这样才能充分展现学生思维轨迹，提升学生科学思维水平，增强学生探究能力，才能达成物理观念、科学思维、科学探究、科学态度与责任这四个维度的物理核心素养目标。

下面仍以《10.3 物体的浮沉条件及应用》一课为例，来举例说明一下我对课堂活动的设计。本节课中，老师的角色由主角换成导演。在设计课堂活动时，我围绕核心素养四个维度进行：

物理观念：知道物体的浮沉条件；归纳浮力计算的四种方法。

科学思维：通过实验操作活动，激发学生物理学习的兴趣，增进学生交流与合作的意识，使学生学会用浮力知识解决浮力的问题。

科学探究：经历物体浮沉操作过程，培养学生设计实验的能力，以及观察能力和分析概括能力。

科学态度与责任：通过实验和理论推导物体的浮沉条件，让学生学会分享与合作，坚持实事求是的科学态度。

在新课教学环节，我用视频引入"浮沉子"（在水中既能上浮又能下沉的物体）的概念，利用"希沃白板5"备课模式下的（音）视频打点功能让学生把物体不同的浮沉状态找出来，这里学生参与时间大约为 1 min。

接着，我要求学生利用水槽、清水、盐、石块、乒乓球、生鸡蛋、土豆、花生、搅拌棒、烧杯等器材对"物体的浮沉条件"进行探究，要求学生在每次实验中选定一个研究对象进行研究，并且填写对应的实验表格（图 2-1）。学生通过小组合作的方式来完成实验，分享实验现象并汇报实验结果，这里学生参与时间大约为 8 min。老师补充盐水鸡蛋悬浮实验，接着请学生上

研究对象	运动状态	受力分析示意图

图 2-1 实验表格

台梳理物体的浮沉条件，这里借用"希沃白板5"的互动功能让学生有序地梳理归纳（图2-2）。这里学生参与时间大约为 12 min。完成上面的课程活动后，接着是引导学生归纳浮力计算的四种方法，这里学生参与时间大约为 2 min。

在接下来的课堂活动中，我设计了两道题，一道题是考察学生对于浮沉条件的掌握（图 2-3），一道是考察四种浮力计算方法的简单运用（图 2-4），这里学生参与时间大约为 6 min。

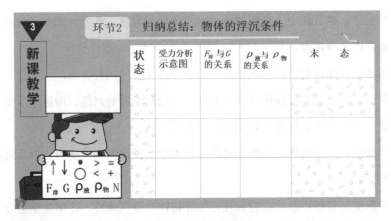

图 2-2　归纳总结

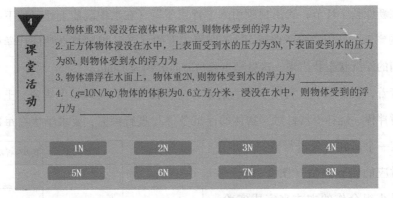

图 2-3　课堂活动题 1

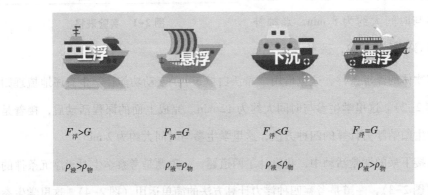

图 2-4　课堂活动题 2

最后是课堂小结环节，由学生从自己的视角进行课堂总结。这里我的基本要求是学生会说，角度越广深度越深越好，而且要求学生能够质疑，老师适时总结归纳。这里学生参与的时间大约是 5 min。这样下来，一节课 45 min，学生参与时间达到了 34 min，占到了课堂总时长的 75%。

石门县磨市镇中心学校特岗教师肖芳这样评价："本堂课充分体现了教育新理念——'以学生为中心，将课堂还给学生'。教学效率高，学生在杨老师的引导下思维活跃且气氛热烈。学生参与度高，收益大，不同程度的学生都获得了一定的进步。教师面向了全体学生，实现了因材施教。"

3. 深度挖掘、整合教学资源

我认为，一个教学新手与一个教学熟手最大的区别就是对教学资源的整合水平与整合熟练程度不一样。苏霍姆林斯基在《给教师的建议》中提到一位 30 年教龄的历史教师回答"你用了多少时间来备这节课?"，他淡淡地说："对这节课，我准备了一辈子。而且，总的来说，对每一节课，我都是用终生时间来备课的。"随着自己教龄的增长，在国家课程标准由"双基目标"到"三维目标"再到"核心素养"的指引下，我的教学资源整合能力经历了一个很长的成长与发展过程，我认为教学资源从"挖掘"到"整理"，从"整理"到"融合"的过程显得尤为重要。

现在以《9.4 流体的压强与流速》一课为例来谈谈我是如何站在学生的角度进行资源的深度挖掘与整合的。我先演示实验"液体的压强与流速的关系"，然后要学生类比猜想"气体的压强与流速是否存在类似的关系"。在探究气体的压强与流速的关系时，我给学生提供了日常生活中简单易找的实验器材，如乒乓球、玻璃棒、白纸、吸管、烧杯、水、剪刀、双面胶等，让学生自行设计实验进行探究。本堂课我也自制了一些教具，如伯努利管、漏斗、鸟翼模型，仅鸟翼模型装置的改进我就花了两个多星期的时间。在多媒体资源的选择方面，有龙卷风的视频、伯努利原理的动画片段、飞机的飞行表演视频、机翼升力产生原理视频、《泰坦尼克号》的视频片段、香蕉球的动画片段等。这些资源在选择时，我始终遵循这样几个原则：趣味性强、学生感兴趣、学生设计实验容易想到、学生设计实验容易用到、学生容易接受、学生操作起来很方便。这样才贴近学生的思维世界与思维能力，这样才能让学生真实地感受到物理世界就在我们的周围，物理学科与我们的生活息息相关。

在进行资源"整理"与"融合"的时候，我重点考虑的是实验资源、视频资源应该如何组合才能让学生易于接受，让他们的知识水平和思维能力得到提升。《泰坦尼克号》的视频片段，学生就非常轻松地找出了其中的知识性差错并且知道其产生的原因。但是对于"香蕉球"的动画片段，由于知识水平受限，学生并不能完整严谨地回答香蕉球产生的原因，这个时候我就启用了"香蕉球"产生原因的动画，动画的讲解专业、严谨、有趣，有图有真相，学生也学得津津有味，其乐无穷。

本堂课获得了石门县第三届新课改比武一等奖，石门县物理创新实验一等奖，常德市物理青年骨干教师培训班说课比赛一等奖，并被石门县教研室指定为2007年新课改经验交流会唯一的一堂观摩课。本节课在课程资源的挖掘、整合方面是一堂成功的课，我在进行教学反思时，觉得我在资源整合方面最大的亮点是考虑了学生的感受，总是站在学生的角度去对资源进行筛选、整理与融合。

4. 实时更新教育技术

从我刚刚参加工作时的幻灯机到当今的"希沃"一体机，从原始的黑板到如今的电子白板，从老师讲授为主的课堂时代到以学生为主的师生互动的课堂时代，从单一教学到智慧教学，我所经历的课堂形式越来越丰富。教育教学素材获取从信息来源匮乏到今天的"百度"，我们迎来了"互联网+"的时代，作为一名教育工作者，我有着自己的一些实践与思考。对于各种教育技术的使用，我总结的经验是要围绕学生，实时更新，顺势而为，合理使用，创造变通。

2007年，我在对《9.4 流体的压强与流速的关系》一课进行课件设计时，发现因为PPT中插入的视频文件太多，在PPT放映时视频老是卡顿，这样会大大影响学生的学习热情和学习效率。所以我就和同事一起将PPT课件改成flash，这样视频播放就非常流畅了，课堂效率也大大提高了。

2016 年，我所设计的《2.2 声音的特性》被评为 2015—2016 年度"一师一优课、一课一名师"教育部部级优课。这堂课最开始其实只是学校的一堂八年级物理公开课，后来通过晒课活动被一级一级地推送到国家教育部了。这节课我花了很多时间和精力制作课件。在这个过程中，我开始较为深度地接触 PPT、狸窝、维棠等软件的使用，也是从这个时候起，在我的教育教学活动中，多层级多角度地使用多媒体新技术真正达到了常态化。信息技术对于我的物理教学的辅助作用是有效的，是正面的，更是不可或缺的，它为我的教学素材增加了丰富性、多元性、时尚性。

2017 年，我们县全部学校的所有教室都由县委县政府出资配备了希沃一体机，这个时候，微课、翻转课堂、思维可视化、思维导图、慕课、电子书包、智慧教育等大量的信息化新名词开始进入我们的课堂。现在我们在进行物理演示实验时，可以把实验过程通过摄像头动态同步在希沃一体机上，如果只需要实验结果实时呈现在一体机上，就可以借助手机同屏技术。还有对于学生的评价，之前我们可能用口头表扬或者给学生画小红花小红旗，但是现在有了班级优化大师这样的软件，就可以根据学生的课堂表现情况来即时评价，还可以将评价数据分享到家长群告诉家长学生在课堂的表现，这样家长能在第一时间了解学生情况，便于他们及时调整教育孩子的方法和方向，配合学校老师，帮助孩子成长。在翻转课堂中，学生可以通过平板及时反馈物理练习的情况。另外，学生可以根据自己的学习基础与喜好去选择合适的微课、练习和实验，同时可上互联网搜寻相关的优质资源。在 2020 年疫情期间，我通过希沃云课堂对我所支教的山区学生进行了网上授课，当起了"网红直播"，最高峰的时候我的一堂课参与的学生人数超过了 400，这在以前是不敢想象的。

信息技术为我们的教学提供了方便，但我们也要认识到不能让电脑替代老师的一切教学行为，它的作用仅仅就是辅助教学，我们还是要坚持"人控制电脑"，而不是"人被电脑牵着鼻子走"。上课的时候一个 U 盘一插课件一放就万事大吉，这样就会出现新的教育惰性现象和误区，既阻碍了教师个人的职业发展，也阻碍了学生的健康成长。

第二节　德育渗透

在当前意识形态领域更加复杂，社会思潮面临多样化挑战的形势下，强调把立德树人作为基本原则，是贯彻落实好中央精神，培养好全面发展的社会主义建设者和接班人的重要体现，其目的是让学生成为德才兼备、全面发展的人才。[1]

在物理学科的教育教学中渗透德育应着眼于物理学科的特点。物理学科有着自己独有的发展历史与脉络，教师在备课的过程中，应积极地挖掘、整理、查找与本节课息息相关的物理学发展历史以及物理学家的成长史等，然后将其设计到课堂中去，给学生展示一个全面的客观的物理世界。下面我就以《9.4 流体的压强与流速的关系》和《20.5 磁生电》为例来谈谈怎样借助物理学史培育学生的德育精神。

在对《9.4 流体的压强与流速的关系》进行备课时，因为涉及"伯努利原理"，我就专门搜寻了关于伯努利这个物理学家的故事。

丹尼尔·伯努利（Daniel Bernoulli，1700—1782），瑞士物理学家、数学家、医学家，著名的伯努利家族中最杰出的一位，是数学家 J. 伯努利的次子。他的父辈希望他经商，但他坚持学医，于 1721 年取得医学硕士学位。伯努利在 25 岁时（1725 年）就被聘为圣彼得堡科学院的数学院士。8 年后他回到瑞士的巴塞尔，先任解剖学教授，后任动力学教授，在他 50 岁时（1750 年）又成为物理学教授。伯努利一生最重要的著作是于 1738 年出版的《流体动力学》一书，书中用能量守恒定律解决了流体的流动问题，写出了流体动力学的基本方程，即"伯努利方程"。

在我给学生讲述伯努利的故事时，我要求学生学习伯努利的钻研精神，学习他的专注，学习他的博学，成为更好的自己。很多年后，有的学生给我发微信说道："杨老师，我永远记得您给我们上的《流体的压强与流速的关系》一课，特别是讲述伯努利的专注与博学，这给我以后的学习和工作带来了积极的影响。"

2020 年疫情期间，学校安排我给初三的学生上一堂《20.5 磁生电》网课，当时我就通过"希沃白板 5"的"知识胶囊"给学生们设计了一堂课。在进行课堂小结时，我给学生讲述了科学家发现电磁感应现象的故事。

1822 年，法国科学家安培发现一个电流可以感应生成另一个电流来。具有敏锐洞察力的安培在记录实验时写道："如不承认在铜环中存在可以形成运动电流的少量的铁的话，这个实验无疑证明感应能产生电流。"令人费解的是，安培在当时并没有公布他的这一实验发现。而瑞士科学家科拉顿离发现这个现象也仅一步之遥。电磁感应现象是"暂态"的，而科拉顿却把它当成了"稳态"。科拉顿设计了一个电磁感应实验，他用一个线圈与一检流计连成一闭合回路，为了使磁铁棒不致于影响检流计中的小磁针，他特意将检流计放在隔壁的房间里。科拉顿一边不断地用磁铁棒在线圈中插入与拔出，一边又跑到隔壁房间去观察检流计，但每次都没有发现检流计的偏转，所以也就错失了发现电磁感应现象的机会。有老师这样评价这段物理学史：安培是"坐"失良机，而科拉顿是"跑"失良机。到了 1831 年，法拉第首先发布了他发现的电磁感应现象，并进而得到产生交流电的方法，法拉第也因此被称为"交流电之父"。

在这里，我是这样引导学生的：我们离成功并没有想象的那么遥远，有的时候，我们再多坚持一下，就会有意外的收获；当然，一个实验的成功与否并不能用来评价伟大的科学家，辩证、客观地评价物理学家、物理学史也是很重要的。

无论是伯努利的故事还是"电磁感应"的发现史，我都试着从正面引导学生用公正的视角理性地去评价物理学的发展史、物理学家的成长史。特别是在这个过程中引导学生学习科学家们积极向上、精益求精、踏实肯干的工作精神，培养学生的求真务实、不怕困难、敢于担当的科学精神，让学生感受物理学家的高尚品格，感受物理学科发展的艰辛与曲折，这样更能够培养学生的坚毅品质与批判性思维。

物理学科是一门以实验为基础的科学，要尽可能利用物理实验去锻炼与培养学生具有物理特色的德育品质。在设计实验时，一般我会根据学情和校情进行实验设计，原则上能够开出学生实验的就不开演示实验，能够开出演示实验的就不用实验视频替代，能够让学生上台进行演示实验的老师就自动退到幕后来协助学生进行实验。自从我站到初中物理教学岗位上就一直坚持这样的实验设计理念。

实验是获得物理学科概念与规律的重要途径，从德育的角度来看，可以通过实验告诉学生"实践是检验真理的唯一标准"。法国哲学家阿兰在《教育漫谈》中写道：对于任何学生，不是他所听，不是他所见，而只有他所做才是最重要的。我的口头禅是"百闻不如一见，百见不如一做"。

例如，鸡蛋在盐水中悬浮的实验，需要耐心、细心。在鸡蛋从上浮状态慢慢过渡到悬浮状态时，需要一点一点地加水，这个时候需要学生耐心地等待，细心地观察。经常做这类实验，可以培养学生良好的心态与在进行科学研究时甘于寂寞与孤独的品质。

在学生进行分组实验时，可以有意识地培养学生的合作精神和勇于担当的品质。有一次，我组织学生进行《6.3 测量物质的密度》的实验课时，学生正有序地进行着实验。突然，"嘭"的一声，我回头一望，是一个小组的量筒不小心被摔碎了。小组成员间抱怨、责怪声开始此起彼伏，只有一个男同学蹲在地下捡着量筒的碎片。我快步走到他们跟前，首先让那个捡碎片的男同学停下来，询问有没有学生被玻璃碎片划伤，确认没有学生划伤，我松了一口气。我问："谁是小组长？"这时，那个捡碎片的男同学说："我是。"我又接着问："量筒是谁打碎的？"这时，小组其他同学都互相指认。接着我就要小组长拿扫把和撮箕把碎片扫起来，并要他们接着做完实验。下课了，我把这个小组的同学留下并且让他们共同整理实验室。其间再一次问他们："量筒是谁打碎的？"这时，小组长说："老师，主要是我的安排不合理，分工不明确，实验快结束时，都急着去看实验数据了，导致量筒被绊倒后掉到地面上摔碎了。"其他的小组成员也开始发言，"老师，是我不小心绊倒的。""老师，是我没有考虑周全，应该把量筒放到安全的地方再进行数据处理。""老师，这个量筒被打碎，我也有份。"此时，是谁打碎的，真的不重要了，重要的是学生通过这个事件学会了如何规避风险安全地进行实验，学会了和同学形成良好的人际关系的技巧，培养了遇到事情不推诿、敢于担当的人生态度。

第三节　情境创设

教学情境是有教育教学功能的情感化了的环境和氛围，也就是在教学过程中为了达到既定的教学目的，从教学需要出发，引出、制造或创设与教学内容相适应的具体场景或氛围，引起学生的情感体验，帮助学生迅速而正确地理解教学内容，促进他们的心理机能全面和谐的发展，提高教学效率。[6]下面，我从情境资源多样化、情境方式多元化、情境应用多角度三个维度谈谈自己在情境创设中的一些实践与反思。

1. 情境资源多样化

现代认知心理学的研究表明，只有现象在人脑中形成一定的表象，人们才能摆脱具体的事物，通过概括、抽象，过渡到思维，从而实现从感性到理性的飞跃。[7]

在我所上的《9.4 流体的压强与流速的关系》一课中，教学的情境资源多样化体现得较为突出，下面具体分析一下。视频资源，我选择了龙卷风视频、飞机飞行表演视频、《泰坦尼克号》电影片断等；动画资源，我选择了"液体在流速大（小）的地方压强小（大）"的实验模拟动画、鸟翼（机翼）升力产生原理动画、香蕉球产生的原理动画；实验资源，我选择了"彩球跳舞""天女散花"。多种资源的交叉演示，老师节约了时间，同时增加了课堂容量，为学生理解"伯努利原理"创造了一个多维度的非常真实的情境。

在情境教学中，学生的语言生成也可以成为资源的一部分。比如，在如图 2-5 的情境实验中，我一个学生是这

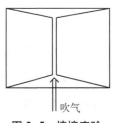

图 2-5　情境实验

样描述的：将纸叠成如图所示，用吸管向内吹气，纸向内合拢，这说明纸内侧空气流速快压强小，纸外侧空气流速慢压强大，我给它取名为"芝麻关门"。当时在现场听课的老师和同学都不约而同地给这个学生鼓起掌来。5年后这个学生考取了南京航空航天大学，她给我发微信说：杨老师，我总是想起我的"芝麻关门"，您的这种课堂培养了我的想象力，对我的工作和生活帮助很大。学生的这种语言生成在我备课时是根本没有预设的，这种教学情境一般也是无法复制与重来的，是令人印象深刻的，能给老师和学生一种奇妙的心境体验。

2. 情境方式多元化

问题化与情境化往往是紧密联系的，问题常常产生于情境。真实的生活情境在以核心素养为本的教学中具有重要价值。情境的创设是学生核心素养培育的途径和方法，是核心素养实现的现实基础。知识是素养的媒介和手段，知识转化为素养的重要途径是情境。[8]在初中物理教学中，情境创设的方式有导向性、开放性、合作性以及冲突性。

首先来谈谈导向性的方式。我在《2.2 声音的特性》一课中曾经用我们本土原创的歌曲《请喝一碗石门茶》带有导向性地引入课题："这首歌曲是我们石门人作词作曲的，歌曲很美，因为音乐人熟练掌握了乐音的三要素进行创作。我们今天再来仔细聆听一下这首歌。"这个情境的创设，素材是本土化的，代入感非常强烈，导向性也很明显，让学生感受到了乐音的美感，也激发了学生对"声音的特性"的学习兴趣。

然后说说开放性的方式。在《9.4 流体的压强与流速的关系》的课堂设计中，我要求学生利用乒乓球、玻璃棒、纸条、吸管、烧杯、水、剪刀、双面胶等简单器材自行设计实验探究"气体压强与流速的关系"。在《3.3 汽化和液化》的课后作业中，我根据我们正在支教的学校所在乡镇石门县罗坪乡近3个月严重缺水的现象，要求学生结合物态变化知识进行发散性思考与探究，就"如何保证罗坪乡居民的正常生活生产用水"，给乡政府提出科学性建议。无论是"气体压强与流速的关系"的实验设计还是给乡政府提科学性建议，都是开放性的情境创设，可以培养学生的发散性思维，学生的创造力也会得到提升。

接下来谈一下合作性的方式。在《10.3 物体的浮沉条件及应用》一课中，我为学生提供了如下实验器材：水槽、清水、盐、石块、细线、乒乓球、生鸡蛋、土豆、花生、勺子、搅拌棒、烧杯等。我要求学生自由组队，探究物体的上浮、下沉和悬浮状态，并进行对应的受力分析。上浮和下沉都有小组能成功地探究出来，但是悬浮几乎没有小组能做出来，这时候我也参与到实验探究中来了。我在讲台上成功演示了鸡蛋在盐水中的悬浮，还给学生观看了老师之前在家里做的悬浮实验视频（图 2-6）。在这个实验探究情境创设中，既有学生组队合作完成上浮和下沉的状态，还有

图 2-6　鸡蛋悬浮视频

老师完成悬浮状态，这种合作性的情境创设在"灌输式"教学模式中是不可能实现的，对于学生的合作能力与分享意识的培养是有着积极作用的。

最后说说冲突性的方式。在演示"马德堡半球"实验时，我先演示了空气没有被抽出的两个半球能轻松被拉开的情境，再将两个半球里的空气抽尽，将学生分成两组来拉两个半球，形成怎么也拉不开的情境。在引入牛顿第一定律时，通过播放"足球的运动变化"的视频创设出亚里士多德的观点"力是维持物体运动的原因"与伽利略的观点"力不是维持物体运动的原因"认知冲突的情境。这些冲突性情境，激发了学生思考的兴趣，学生带着问题进入到课堂，通过新课学习，他们都可以自己解决认知冲突，享受突破思维障碍、提升科学思维能力的乐趣。

3. 情境应用多角度

物理学是一门自然科学，它的许多知识都来自观察和实验，物理现象和规律也体现在人类生活的各个方面和领域。如果我们用教育手段将学生在生活中通过观察、感受、阅读、交流、思考加工等方式获取的直接经验作为教学情

境，令其与物理学概念和原理相结合，经过自然产生同化与顺应，就能更牢固、更准确地掌握物理学的真谛。[9]个体在学习过程中，对学习事物的认识同样是建立在个人身体对学习事物的直觉感知之上。"乐之"促成"好之"，"好之"促成"知之"。[10]

下面我以在 2020 年 3 月疫情期间所上的网课《20.5 磁生电》为例，来说说我在教学的各个环节如何多角度来进行情境教学的创设。

上网课，如果教师所设计的课堂形式不多样、内容不精彩，是很难使学生专注学习的。这节网课，我首先给学生播放了一些简易电磁感应实验的视频，要求学生思考这些奇妙的现象是怎样产生的。接着，我用到了两幅动图（图 2-7），一副是"电生磁"动图，另一幅是"磁生电"动图，这样引导学生进入"磁生电"的原理与应用的学习。这里情境的创设既有旧知又有新知，而且用到了逆向思维法。

图 2-7　电与磁

紧接着，我用实验视频（图 2-8）引导学生学习电磁感应现象的概念、感应电流产生的条件、影响感应电流方向的因素、电磁感应现象的能量转化，让学生在实验情境中去感受电磁感应现象。

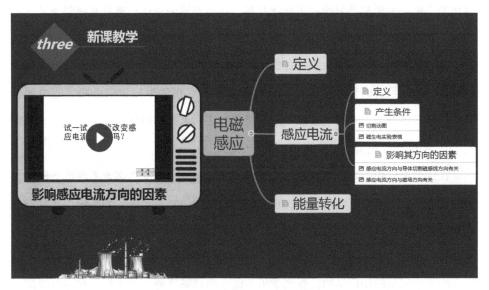

图 2-8　电磁感应视频教学

接下来，我向学生展示了家乡石门县的火电站、水电站、风力电站、垃圾焚烧电站、光伏电站这几种不同形式的发电站的图片，并引导学生思考：发电站的发电机是如何工作的？学生先自行思考，讨论交流，然后我才给学生播放发电机内部构造的视频、交流发电机工作原理的动画、交流发电机与直流发电机构造区别的视频。通过这样丰富的情景创设，把学生置于现实物理情境中，让他们真实地感受到原来这节课所学的知识真的能指导实际的生产生活。

整节课下来，教学情境是生动活泼的，是多角度的，学生的感受也是丰富的。

第四节　赋能成长

新课程改革的理念是"一切为了学生的全面发展"。21 世纪既是一个知识更新速度不断加快的时代，又是经济全球化、国际化、信息技术飞速发展的时代，这个时代给工作、生活和学习带来了持续改变。社会发展的变化给教育系统带来了重要挑战，教育要能够帮助年轻人为适应未来各种变化做好准备。[11]作为一名初中物理教师，如何利用自己的课堂来促进学生的可持续的全面发展，是我在课堂中一直特别看重的，而且尝试着通过各种手段利用学科特点在学生知识的进阶、能力的提升、品格的修炼三个方面下功夫，从而使学生达到素养的内化。

1. 用前瞻的视角促进知识的进阶

在课堂设计中，除了认真阅读课程标准和教材外，我会更多地考虑本节课中相关的物理概念与规律在整个初中物理知识体系中的位置与角色，到高中后此物理概念规律会怎么提及。

例如，《9.3 摩擦力》一节，由于教材对静摩擦力和滚动摩擦力的忽视，未能呈现给学生完整的知识结构，导致学生不能全面理解摩擦力的本质。在进行摩擦力的教学时，摩擦力的分类以及简单的识别我会在课中给学生展示出来。然后，要求学生做个小实验。将物理书放在水平桌子上，用较小的力推物理书，物理书静止，这个时候问学生：在推力的作用下，物理书为什么是静止的？学生进行受力分析，发现物体在与推力相反的方向上会受到摩擦力，这个摩擦力就属于典型的静摩擦力。然后要学生用较大的力推动物理书，从而解释什么是滑动摩擦力。接着我又列举了钢笔写字（图 2-9）（滑动摩擦）和走珠水笔写字（图 2-10）（滚动摩擦）。

图 2-9　钢笔写字　　　　　图 2-10　走珠水笔写字

在对基本概念解释清楚后，接着探究影响滑动摩擦力大小的因素，与学生一起探讨增大和减小摩擦的行之有效的方法。这其中，为了使学生理解滚动代替滑动可以减小摩擦，我给学生演示了桶装矿泉水（18 L）放倒后，滚动明显比滑动用力小很多。如果之前没给学生介绍三种摩擦力，这里就显得非常突兀，正因为有了前面较为专业的和具有前瞻性的铺垫，学生才能较为轻松地认知到滚动代替滑动可以减小摩擦。学生到了高中，学习到了摩擦力也会想起初中老师曾经浅显地提到三种不同的摩擦力，学生的知识体系的整体建构也就能潜移默化地完成。

在不违背国家在 2020 年 5 月 9 日颁布的《教育部办公厅关于印发义务教育六科超标超前培训负面清单（试行）的通知》文件精神的前提下，如果在教学中能够长期坚持这样做，让学生在规范的物理知识体系中去学习物理概念与规律，让学生在知识的进阶过程中能够接收科学的物理观念，就可以使学生在物理观念形成的过程中得到可持续发展。这种前瞻性的教学理念与视角需要老师站在为学生终身发展的角度来进行教学设计的适度拓展，这种拓展需要是理性的和科学的，还要符合初中学生的认知规律。在这个过程中，老师既要关注学生概念规律的建构过程，又要关注学生对于概念规律理解的扎实程度，还要关注学生对于概念规律理解的延展性，学生与学生的个体差异等也是老师需要重点考虑的。

在初中物理知识的进阶过程中，要紧紧抓住课程标准，紧紧抓住教材，然后在可控的范围内进行前瞻性的教学。老师在对每个物理概念与规律的教学时，需要明确的是每个物理概念都不是孤立的，它们不是一个个点，而是串在物理知识项链中的珠子，甚至是嵌在物理知识金字塔中的砖。有了这样的教学意识，你会发现自己慢慢形成了很多紧跟国家发展、紧跟时代变化、贴近多变的学情的良好的教法教风。慢慢地，学生在高中会想起你，慢慢地，学生会在大学想起你，慢慢地，学生在工作岗位上会想起你，我想，这应该也算初中物理老师的一种幸福吧！

2. 用渐进的节奏促进能力的提升

物理课程标准解读指出："物理能力是顺利解决物理问题的个体心理特征。物理能力的基本要素是物理知识和物理技能，对知识的深刻理解和对技能的熟练运用从而形成知识和技能的广泛迁移，即成为能力。"[12]随着一轮又一轮课程改革的推进，对于"物理能力"解读的说法在不停地拓展。学生学习的终极目的就是为国家的发展服务，为人类的进步服务，学生要学会发现问题、提出问题、解决问题。初中物理学科要完成的人才培养目标就是，依托物理概念与物理规律的建构使学生掌握物理方法，获得物理思维，提升物理能力。学生物理能力的培养不是一蹴而就的，而是一个漫长的渐进的过程。作为初中物理老师，我们在进行教学设计时，需深度备课，挖掘出与本节课中物理概念与规律息息相关的物理方法与物理思维，然后将其显性化、可视化，让学生的深度学习真正发生。一节课下来或者一个单元下来或者一个板块下来，学生除了要收获知识外，应该达到某个能力的某个层级。

下面以控制变量法在初中物理中的运用来举例说明渐进提升学生物理能力的过程。控制变量法是指把多因素的问题变成多个单因素的问题，依次改变其中的单因素，研究该单因素对事物的影响，最后综合这些单因素影响来解决问题。控制变量法在初中物理实验、物理概念、物理习题、物理应用中都有体现。在探究影响液体蒸发快慢的因素中，我以日常生活举例，如衣服需要在向阳、通风、摊开时才可以干得快，这样引导学生归纳出影响蒸发快慢的因素有液体温度高低、液体表面上空气流动快慢、液体表面积大小三个因素，在这里学生就有了一些控制变量法的浅表思维。到了探究影响电流做功多少的因素时，我就引导学生利用他们已经学过的串联、并联、电压表、电流表的知识开始设计实验。

教学设计节选

实验探究：电流做功多少与哪些因素有关？

1. 猜想：可能与_____有关。

2. 实验方法：控制变量法、转换法。

3. 实验步骤：

（1）探究电功跟电压的关系，保持_____不变，改变_____。

（2）探究电功跟电流的关系，保持_____不变，改变_____。

（3）探究电功跟时间的关系，保持_____不变，改变_____。

4. 实验电路：

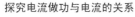

探究电流做功与电流的关系　　　　　　　　探究电流做功与电压的关系

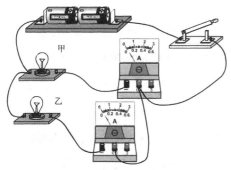
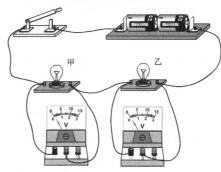

图 2-11　实验电路一　　　　　　　图 2-12　实验电路二

（1）闭合开关，观察两个电灯的亮度和两个电流表的示数（图 2-11）。

（2）闭合开关，观察两个电灯的亮度和两个电压表的示数（图 2-12）。

5. 实验结论：

（1）_____ 一定，_____ 越高，电功越多。

（2）_____ 一定，_____ 越大，电功越多。

（3）_____ 一定，_____ 越长，电功越多。

6. 实验分析：电流所做的功跟电压、电流和通电时间成正比。电功等于电压、电流和通电时间的乘积。写成公式为

$$W = UIt$$

式中，W—电功，单位 J（焦耳）；

U—电压，单位 V（伏特）；

I—电流，单位 A（安培）；

t—时间，单位 s（秒）。

从探究影响液体蒸发快慢的因素到探究影响电流做功多少的因素，学生的物理能力是逐渐提升的。学生从宏观热学到力学，从微观热学到电学，中间经历了很多次控制变量法的实验，一次又一次有意无意地接受控制变量法思维的锻炼，学生对

于控制变量法精髓的理解与把握都逐渐成熟。学生在这个过程中，物理能力的提升是一步一个脚印换来的，知识也掌握得更加牢固。

3. 用育人的氛围促进品格的修炼

修身成德是我国优秀传统文化思想的核心，伦理道德教育是我国传统教育中最为突出的内容。我国传统文化、传统教育中对于道德修养的重视，与党的十八大报告中强调的"立德树人"思想以及《国家中长期教育改革和发展规划纲要（2010—2020）》提出的"德育为先、能力为重"的要求完全契合。我们认为，从继承我国优秀传统文化与教育思想，落实党和国家的教育政策方针，以及促进学生身心健康、全面发展等多个角度考虑，道德修养是我国基础教育和高等教育阶段人才培养的重要内容，是学生核心素养指标体系的核心。[4]学生在成长过程中，品格的修炼是至关重要的，我们为国家培养的应该是德才兼备的人才。对于物理教学来说，要以学生的成长为核心，结合物理学科特点来对学生渗透情感教育，培养学生作为祖国建设者所必需的情感态度与价值观。

就爱国爱家乡教育来说，近年来，我经常在课前给学生展示一些家乡石门县与物理有关的素材来引入相关的课程。例如，我用歌曲《请喝一碗石门茶》的MTV（图2-13）来引入《2.2 声音的特性》，用石门县柑橘节宣传片（图2-14）和石门罗坪云海（图2-15）来引入《3.3 汽化和液化》，用石门县的夹山寺、壶瓶山等著名景点（图2-16）导入《5.4 眼睛和眼镜》，还结合地理知识和物理比热的知识探讨石门柑橘为什么味道甜美。这些石门元素也是我自己平时收集的，我是想间接地告诉学生我们家乡很美，大家今后走出去后一定要记得这片生你养你的土地。爱国爱家乡教育不只是语文老师、地理老师、政治老师的事，物理老师同样可以做的，这样融入了物理课堂的爱国爱家乡的教育也是别的学科无法替代的，更是符合国家目前"立德树人"的基本思路与方向的。这种思想教育是当前国家"核心素养"中提倡的，也是我们一线教育工作者在课堂中要始终贯穿的。

图 2-13　《请喝一碗石门茶》MTV

图 2-14　石门县柑橘节宣传片

图 2-15　石门罗坪云海

图2-16　石门县著名景点

国家课程标准从"双基目标"到"三维目标"再到"核心素养"的发展过程，演绎了国家教育顶层设计者对国家人才培养方式、培养过程、培养结果的反思与实践。老师要用长远性的、发展性的眼光去构建自己的物理课堂，不能唯分数论，但是又要考虑到国家目前选拔人才的制度体系，换句话说，既要脚踏实地又要仰望星空。育人是一个很大的命题，作为一线的物理老师，利用自己的站位，精心地在每节课中渗透一些德育元素，学生会在这样充满"人文味"的物理课堂中回归自我、升华情感、丰富人生。

4. 用生根的方式促进素养的内化

随着高中阶段各个学科课程标准（2017年）的发行，国家教育迎来了新的课改与推进，物理核心素养涵盖物理观念、科学思维、科学探究、科学态度与责任4个维度。综合世界各个国家和地区及国际组织对核心素养概念内涵的界定，同时考虑到不同学科角度对核心素养的研究，以及我国的现实需求和教育实际，可以将其界定为：核心素养是学生在接受相应学段的教育过程中，逐步形成的适应个人终身发展和社会发展需要的必备品格与关键能力。[4]《中国学生发展核心素养》以培养"全面发展的人"为核心，分为文化基础、自主发展、社会参与 3 个方面，综合表现为人文底蕴、科学精神、学会学习、健康生活、责任担当、实践创新 6 大素养 18 个基本要点，将我国基础教育改革热点进一步聚焦到核心素养的理论与实践研究。[13]

2019 年 11 月，我在石门县罗坪乡中心学校支教期间，上了一堂校级公开课《3.3 汽化和液化》，我尝试着将四个维度的核心素养落地，取得较好效果。后来，将这堂课整理后参加了湖南省 2019 年集体备课大赛，获得省级一等奖。

本节课中，我讲述了与人文底蕴有关的罗坪云海、罗坪茶叶。罗坪乡在海拔 595 m 的地方，属于典型的山区，海拔比县城高 500 m。因为海拔高，罗坪乡长期云雾缭绕，这是它的一大特色，而这里茶叶可以从每年的 3 月份采到 10 月份。雾的形成是液化，而制茶过程会产生典型的汽化现象，利用家乡的美景美食完成了物理概念的教学，很好地体现了人文精神。

在做课程的最后总结时，我告诉学生家乡的资源是非常丰富的，家乡的建设是需要你们共同努力的，而且要求学生用实际行动爱护家乡的青山绿水。

第五节　循序渐进

维果斯基认为，教学要取得效果，必须考虑学生已有的水平并走在学生发展的前面。教学应着眼于学生的最近发展区，为学生提供带有难度的内容，调动学生的积极性，发挥其潜能。教师教给学生的学习内容难度尽量不要超越他的最近发展区，在达到他的最近发展区后再考虑下一发展阶段的学习内容。通俗地讲，维果斯基的最近发展区强调学生的学习要循序渐进，因材施教，不能拔苗助长。[6]在当今时代，教育功利化的声音大量存在，要想突围，我们唯一的途径就是紧紧跟随国家教育改革的方向，在国家政策的指引下，慢慢摸索逐步探究，循序渐进地走出一条属于自己的育人之路。接下来，我从课程标准、物理教材、课堂生成三个层面阐述一下我一些循序渐进的思考与做法。

1. 遵循课程标准，核心素养阶梯化

物理学科学业标准以表格形式呈现，其中根据《义务教育物理课程标准（2011 年版）》的内容标准列出一级、二级主题和标准，在此基础上分解细化成标准细目。标准细目由内容与能力领域中相应的行为动词共同构成，明确了对学生学习结果的操作性要求。学业水平层次分为合格、良好和优秀三个水平，合格对应课程标准中的基本要求，良好和优秀是在合格水平上的适当拓展（知识容量的增加）或提升（能力水平的提升）；优秀涵盖良好和合格水平，良好涵盖合格水平。[13]

现在结合前面讲到的一节网课《20.5 磁生电》谈谈我对核心素养阶梯化的理解。在本节网课设计中，我围绕秦晓文老师团队所分享的学业水平标准来设计对应的教学活动，从而实现核心素养相应的梯度与坡度。

首先我用实验动画引导学生猜想产生感应电流的条件，接着播放实验视频"探究导体在磁场中产生感应电流条件"，最后是用动图引导学生探究感应电流产生的条件之一——切割磁感线。在疫情期间，由于学生家里一般没有实验器材，老师要引导学生探究透彻是需要花费大量时间与精力去搜集教学资源的。除了上述那些资源，我还在网上找到了一个简单、可操作性强的电磁感应家庭小实验视频，用到了引入部分。为了使学生在"探究导体在磁场中运动时产生感应电流的条件"达到"优秀"学业水平层次，我在搜集素材方面花了整整两天的时间，在今天看来，这个时间花得很值得。为促使学生"了解电磁感应在生产、生活中的应用"达到"合格"层次，我又展示了家乡各种各样的发电站以及用于发电的手摇发电机、交流发电机，还讲授了直流发电机与交流发电机的区别。

在突破重（难）点环节我选择了两道典型例题，一道是关于感应电流产生的条件（结合实验）（图 2-17），另一道是关于电磁感应在生活中的应用（图 2-18）。

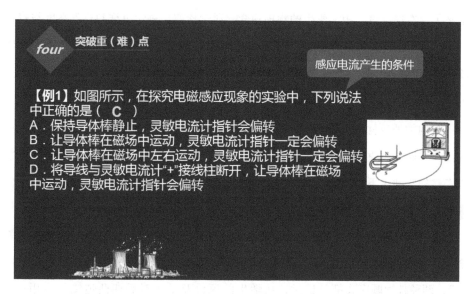

图 2-17 例 1

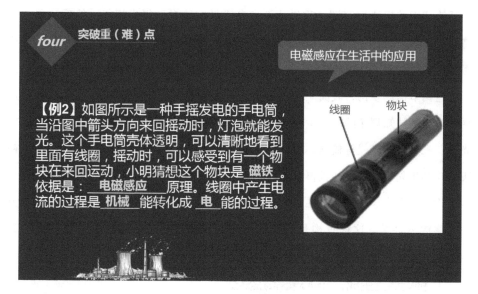

图 2-18 例 2

　　简而言之，本节课的中心任务就是引导学生做好实验，在实验的探究过程中完成对感应电流产生条件的归纳与应用。实验做好了，感应电流产生的条件也就引导出来了。在这个过程中，学生的物理观念、科学探究、科学思维和科学态度与责任四个维度不同梯度的落地就可以较为理想地达成。在使学生达成四个维度不同梯度的核心素养目标的过程中，需要教师不断打磨自己的教学设计。

2. 重构物理教材，核心素养本原化

重构物理教材是需要勇气和扎实的教学基本功的。在遵循课程标准的前提下，我也在不断尝试重构教材，重构的原则是有利于学生的消化与理解，有利于学生核心素养的落地。下面我以《5.2 生活中的透镜》和《5.3 凸透镜成像的规律》为例讲述一下我对教材重构的尝试。

是先在实验室完成"探究凸透镜成像的规律"再进行"生活中的透镜"的教学，还是先进行"生活中的透镜"的教学再去实验室完成"探究凸透镜成像的规律"，两种教学顺序我都尝试过，从学生的评价及学生对后期凸透镜的应用——《眼睛和眼镜》《显微镜和望远镜》的理解来看，前一种顺序教学效果更好。《5.3 凸透镜成像的规律》一课，我先让学生自己做实验自己得出规律，然后利用三条特殊的入射光线透过凸透镜形成的出射光线让学生进一步感受凸透镜成像的三种典型情况。《5.2 生活中的透镜》一课的学习基本上就是学生在自学式探究中完成的。

这两节课的重构，表面上看是一个顺序的交换，但是深入分析就知道，我是遵循了学生的认知规律的。学生在《5.1 透镜》的学习中刚刚接触到透镜、焦距、主光轴、三条特殊光线等概念，教材突然笔锋一转，就讲到了"生活中的透镜"，初衷是让学生先感受生活实例再进行理论升华，但从我们乡村学校的教学来看，先给学生构建一个光学理论小体系，再联系实际生活，反而显得思路更清晰，知识与方法的建构更科学。这种重构是遵循学生的认知规律的，是遵循从"是什么"到"为什么"到"怎么样"这样的哲学本原化认知路径与思维的。

3. 强调课堂生成，核心素养动态化

生成式教学根据学生的实际情况，随时调整教学过程，能较好地保证学生的主体地位，能更加有效地组织学生有针对性地深入探讨，满足他们的求知欲，使他们主动地建构知识，进行自由想象和直觉思维。[6]

2016 年我的《2.2 声音的特性》一课被评为教育部 2015—2016 年度"一师一优课、一课一名师"部级优课。在这堂课的引入环节，我先播放了《请喝一碗石门茶》这首歌的 MTV，然后又制造了几种不同的声音，要求学生尝试用不同的形容词来描述声音的不同。学生用到了"清脆悦耳""高低不同""具有穿透力""洪亮沙哑"等词。接着开始引导学生猜想出声音具有哪些特性。在"探究实验一"环节，我将一把钢尺紧按在桌面上，一端伸出桌边，拨动钢尺，听它振动发出的声音，同时注意钢尺振动的快慢。改变钢尺伸出桌边的长度，再次拨动。在让学生总结两次声音的不同与什么有关时，有位学生总结的情况恰好与真实情况相反，这个是我始料未及的。此时我就让这位学生把实验重做一次，全班同学一起来判断，这位学生很快就发现了自己的错误。这个课堂生成是动态的，在这个过程中，学生尽管中途出错，但是最终形成的正确物理观念是牢固的，科学探究、科学态度得到了培养。

对"声音的响度与距离声源的远近有关"这个知识点，在进行备课时，我是准备一句话带过的。但正式上课时，我的思维也被学生点燃，随机做了一个小游戏。我贴着某个同学小声说话，请其他听到老师说话的同学举手。接着提问：响度的大小可能还与什么有关？结果同学们通过亲身经历后都能归纳出：响度的大小还与距离声源的远近有关，距离声源越近，声音越响，距离声源越远，声音越小。老师没有局限于备课，这个课堂生成也是动态的。

整堂课中，所有的物理概念与规律都不是灌输进去的，而是在老师循序渐进地引导下被深刻理解的，学生核心素养的获得也是动态的。已故教育学家朱小蔓老师有一句话，我很喜欢。她说，要理解和忍耐素质教育的长期效果，不能期望过多和过快地出现奇迹。很多时候，我们需要的就是"静待花开"的心态，用发展的眼光去进行教学设计，用开放的心态面对我们的学生，用符合国家政策方向的教育理论去探索更好的教学设计和课堂。我相信，让我们的课堂多一些生成，多一些探讨，多一些容错，多年后，我们课堂的智慧之光仍然会照亮学生成长之路。

第六节　多元创新

2020 年，是不平凡的一年。抗击"新型冠状病毒肺炎"，"北斗三号"全球卫星导航系统建成，芯片危机，等等，众多的事件与"科技创新"都是密不可分的。一个民族要发展，人类要进步，就需要不断传承与创新。下面我从教学方式、教学实验、教学素材三个角度来谈谈在教学中我是如何实现创新方面的突破的。

1. 教学方式出妙招

为帮助学生理解"串联和并联电路"，我自己创作了一首小诗。

串联电路糖葫芦，一个接着一个来；

并联电路小两口，亲亲热热并肩走；

串联电路传染病，一个病来全家亡；

并联电路小两口，吵起架来各管各。

串联电路自古华山一条路；

并联电路条条道路通罗马。

课后，学生们也纷纷用他们自己的方式展现他们眼中的"串联和并联电路"，如用图片（图 2-19）、书法（图 2-20）、绘画（图 2-21）、唱歌（图 2-22）等方式。

"串联和并联电路"在整个电路板块是基础中的基础，通过这样有趣多元的教学方式，老师教得有趣，学生学得有味，基础也打得更牢固。同学们视角中的串联和并联给我们展现了不一样的视角，这是一种微创新能力的展示。

再例如，我在《2.2 声音的特性》一课中，设计了如下的《拍手歌》，要求学生思考：轻拍手与重拍手发出的声音的强弱不一样，什么因素会影响声音的强弱呢？

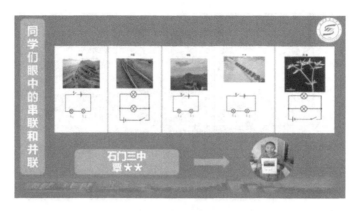

图 2-19　图片方式

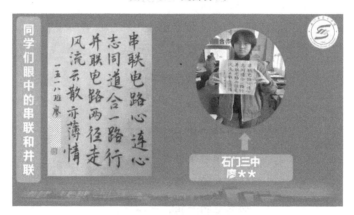

图 2-20　书法方式

图 2-21　绘画方式

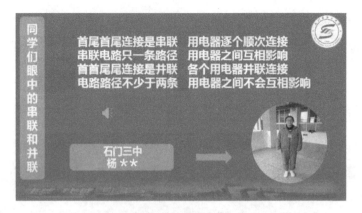

图 2-22　唱歌方式

拍手歌

伸出你的双手，一二一；

左边拍一拍，一二一；

右边拍一拍，一二一；

上面拍一拍，一二一；

下面拍一拍，一二一；

轻轻地拍一拍，一二一；

响响地拍一拍，一二一；

我们大家都来拍一拍，一二一；

一、二、三、四。

这种韵律操全体学生都参与，简单易行，调节了课堂的气氛和节奏，学生是非常感兴趣的，可以说是一种具有典型新课改理念的好的教学方式。在这种氛围中，学生亲切地感受到了响度的存在，也能够根据亲身体验猜想出响度大小可能会与什么因素有关。

核心素养要落地，传统的教学方式是必须改变的。作为一名初中物理教师，需要认真解读课程标准，在引领学生达到课程标准要求的过程中，不断丰富自己的教学方式。教师对于教学方式的运用要有"得心应手"的底蕴和"庖丁解牛"的手法，还要有"妙趣横生"的幽默，方可做好教学方式的灵活运用。教师别样的教学方式能极大地激发学生的学习兴趣，学生会有一种"物理原来可以这样学"的豁然开朗。在物理课中，除了带领学生领略物理世界的魅力，更重要的是在帮助学生理解物理学科知识、掌握物理学科方法、形成物理学科思维、提升物理学科能力的过程中促使学生创新能力的成长。

2. 教学实验出奇招

实验教学是物理教学中非常重要的板块。把实验感知与物理思维活动紧密结合，来获得知识、技能，特别有益于学生培养观察能力，提高实验操作技能，同时体验实验探究过程，养成勤于动手、善于思考的习惯，形成严谨的科学态度和实事求是的学习作风。[6]初中物理实验有演示实验、分组实验、课外实验等。在实验教学中，我总是遵循实验器材易准备、可操作性强、实验效果清晰等原则来进行实验课的备课。

在《5.4 眼睛和眼镜》一课中，我在探究近视眼和远视眼的成因及矫正方面做了实验的创新。在备课阶段，关于这个实验，我上网查阅了很多资料，也做了很多尝试。在尝试的过程中，要么就是实验器材不好找，要么就是实验效果不好。这节课教材中本来没有实验，只有光路图解读，但是如果不做实验，似乎干瘪了一些。经过一周的查找与实验，最终发现用两个焦距不同的凸透镜来完成实验似乎效果好，而且所有学生都可参与。我安排了下面三组学生实验。

探究实验一（模拟眼睛成像）

将焦距较短（$f=5$ cm）、凸度较大的凸透镜与光屏、蜡烛放在光具座上，点燃蜡烛并使烛焰、凸透镜、光屏的中心在同一高度上。将蜡烛放到距凸透镜 2 倍焦距以外（u 略大于 $2f$），移动光屏，直到光屏上出现烛焰清晰的像。（相当于眼睛看近处的物体）

保持光屏、凸透镜的位置不变，将蜡烛向远离凸透镜的方向移动，让光屏上的像变得模糊。

保持光屏、凸透镜的位置不变，换上焦距较长（$f=10$ cm）、凸度较小的凸透镜，观察光屏上的像是否再次清晰。如果不清晰，则继续向远离凸透镜方向移动蜡烛（蜡烛总在距凸透镜2倍焦距以外），同时微调光屏，直到光屏上的像再一次清晰为止。（相当于眼睛看远处的物体）

探究实验二（探究近视眼成因）

将焦距较长（$f=10\ cm$）、凸度较小的凸透镜与光屏、蜡烛放在光具座上，点燃蜡烛并使烛焰、凸透镜、光屏的中心在同一高度上。将蜡烛放到距凸透镜2倍焦距以外，移动光屏，直到光屏上出现烛焰清晰的像。（相当于正常眼睛成像）

保持蜡烛、凸透镜的位置不变，换上焦距较小（$f=5\ cm$）、凸度较大的凸透镜，观察光屏上的像是否再次清晰。如果不清晰，则前后移动光屏，直到光屏上的像再一次清晰为止，并观察光屏移动方向。（相当于近视眼睛成像）

探究实验三（探究远视眼成因）

将焦距较短（$f=5\ cm$）、凸度较大的凸透镜与光屏、蜡烛放在光具座上，点燃蜡烛并使烛焰、凸透镜、光屏的中心在同一高度上。将蜡烛放到距凸透镜2倍焦距以外，移动光屏，直到光屏上出现烛焰清晰的像。（相当于正常眼睛成像）

保持蜡烛、凸透镜的位置不变，换上焦距较长（$f=10\ cm$）、凸度较小的凸透镜，观察光屏上的像是否再次清晰。如果不清晰，则前后移动光屏，直到光屏上的像再一次清晰为止，并观察光屏移动方向。（相当于远视眼睛成像）

在"探究实验一（模拟眼睛成像）"中，5 cm 和 10 cm 的凸透镜分别代表眼睛看近处和远处时的状态，5 cm 的凸透镜凸度大，10 cm 的凸透镜凸度小，特别形象地代表了眼睛看近处和看远处时晶状体的凸度变化。而在"探究实验二（探究近视眼成因）"〔"探究实验三（探究远视眼成因）"〕中，先用10 cm（5 cm）凸透镜代表正常眼睛成像，再用 5 cm（10 cm）代表近（远）视眼睛成像。这样的实验创新是基于学生的思维能力水平的，虽然透镜换过来换过去，学生容易迷糊，但是只要老师耐心地引导，实验多做几次，学生的思维会越来越清晰。做完实后，我又用PPT详细解释了眼睛成像原理（图2-23）、近视眼成因（图2-24）、远视眼成因（图2-25），以便学生掌握得更牢固。

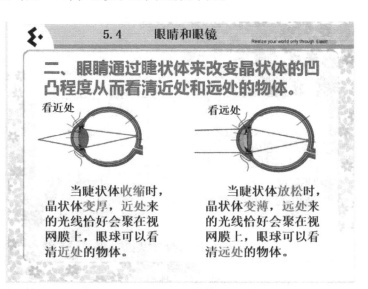

图2-23　眼睛成像原理

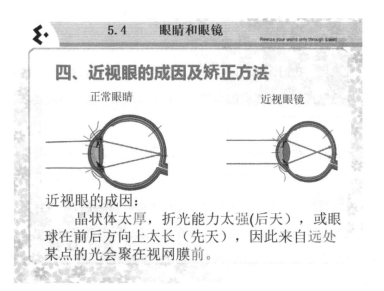

图2-24　近视眼成因

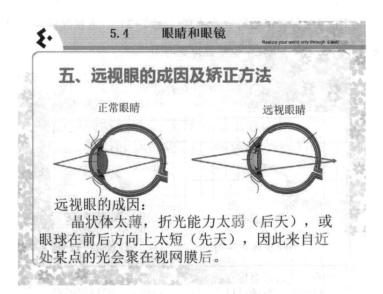

图 2-25 远视眼成因

从上课效果看，这次的实验重构是成功的，本来教材的《5.4 眼睛和眼镜》一节是较为枯燥的，但是因为有了三次实验，枯燥的知识变得生动起来。我设计的这堂课获得了 2016—2017 年度"一师一优课、一课一名师"省级优课。

3. 教学素材出巧招

随着时代发展，我们面对的教学素材也越来越丰富。有的时候资源匮乏倒还好选择，资源一旦丰富起来选择就困难起来，对于选取素材的能力和要求也随之水涨船高。

近些年来，我在教学素材的整合和利用方面有了自己的一些创新与思考。例如，利用"人"的一些元素作为素材：用学生体重的多少感受质量大小，用男生引体向上、女生跳绳、学生徒步爬楼梯计算功和功率，利用方格纸计算人在走路或者站立时对地面的压强，利用人体电阻估算人在家中触电会有多大电流产生。这些采用日常的物理数据和物理现象的例子，贴近了生活，传递了物理就在我们身边的教学理念与视角。

现在随着"互联网+"的时代到来，方便好用的 APP 如雨后春笋般涌现，这其中不乏有可用的新颖的资源。例如，我在《20.5 磁生电》网课、《10.3 物体的浮沉条件及应用》等就用到了时下流行的短视频 APP 里的素材。物理小实验短视频是由一些物理教育工作者、物理爱好者等制作的，他们有时候另辟蹊径，方法独特，给我们打开了思路。自从微信开始流行使用，每个人都是生活的记录者，每个人都可以是自媒体。我在《3.3 汽化和液化》一课中用到的"罗坪云海"就是朋友发在微信朋友圈的石门县的柑橘节的宣传片，而且正好是在当时我支教的乡镇拍的，学生喜闻乐见，纷纷要带我去"罗坪云海"拍摄地。还有很多好的公众号，例如"物理大师""环球物理""中学物理教学参考""趣味科学实验"等。公众号的亮点是快、新、指向性强，让我们能在第一时间收集到优质资源，然后经过自己的教学加工与设计迅速用于课堂中，将这些资源转化成"生产力"。完全禁止初中生用手机是可能的，所以就需要我们老师引导学生利用手机进行学习，这样也能让学生们觉得我们老师不是"土老帽"，也有利于良好的亲子关系、师生关系的培养。

第七节　精准探究

探究是"三维目标"时代比较热门的词，既有探究式教学，也有探究式实验。我在教学中一直致力于促使初中物理探究式实验达到精准化，在这里我就重点分享一下探究式实验的一些心得体会。下面我从探究问题、探究过程、探究结论、探究形式四个方面进行阐述。

1. 探究问题精准化

在以实验教学为基础和特色的初中物理教学中，探究式实验是非常重要的一种实验教学方式。多年的教学经验实践与听课经历让我发现，很多老师在进行探究式实验教学时，在探究问题的提出环节，喜欢"乱探究""瞎探究""毫无目的地探究"。我的观点是问题的提出要精准，只有这样，才能准确引导学生思考，也能收到事半功倍的效果。

如图 2-26 所示的是《3.3 汽化和液化》一课的实验，该实验由教师演示，学生观察归纳。在这个实验中，装有酒精的塑料袋在高温的环境下膨胀了，遇冷后又萎缩了。如果提问：这是什么原因导致的呢？这样的提问显得较为笼统，指向性不是很强。我们换一种提问：在塑料袋膨胀和萎缩的过程中，酒精的物态经历了怎样的变化？这样学生对于实验探究的目的就非常明确了。

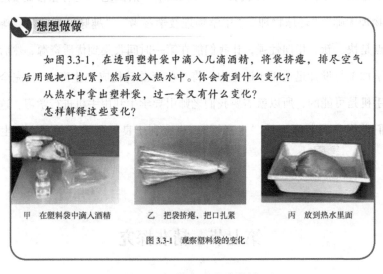

图 2-26 探究式实验举例

很多时候，一个实验中所蕴含的物理概念与规律是多种多样的，如果不有效精准地引导学生去探究，这样的实验教学是低效的甚至是无效的。在进行实验前，精准地提出问题，让学生在第一时间明确探究目的，找准探究方向，理清探究思路，方便探究过程。学生在这样的探究式实验的熏陶下，会逐步建立自己的探究方法与探究思维，养成良好的科学实验习惯，形成自己的实验探究的思维路径。

2. 探究过程精细化

探究式实验一般有提出问题、猜想与假设、制订计划与设计实验、进行实验与收集数据、分析与论证、评估、交流与合作七个环节。我仍然以《3.3 汽化和液化》一课为例来分享探究过程精细化的实践与思考。

　　根据学生的认知水平和课程标准的要求，可以有选择地对七个环节进行设置。在"探究水沸腾时的现象"的实验（图2-27）中，因为学生刚刚接触物理，对于水沸腾时温度的变化以及气泡的生成与变化感触较浅，我就设计了实验目的和实验过程，引导学生直接进行实验与收集数据、分析与论证。特别是进行实验与收集数据时，实验器材是准备齐全的，对于实验过程要求是非常精细的，实验的过程中需要记录哪些数据，实验完毕后需要绘制怎样的图像等都清晰明了。这样可视化的安排、精细化的设计，对于初学者来说，是非常重要的。

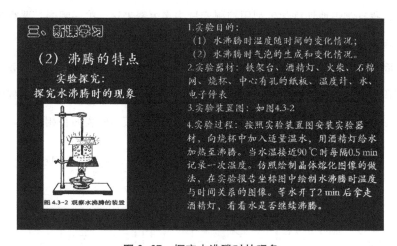

图2-27　探究水沸腾时的现象

　　有专家说，创新的第一步是模仿。对于八年级这个时期的孩子，首先就是要培养他们良好的实验习惯与实验方法。他们处于物理学科的起步阶段，需要我们教师循序渐进的引导，要让他们学会正确组装实验装置，学会观察实验现象、准确记录实验数据，学会用图像来表达实验数据等。在上述实验中，在组装实验装置时，涉及酒精灯的安全使用与规范使用，我引导学生思考实验装置应该是从下往上安装还是从上往下安装，然后要他们尝试两种方式安装，再回答为什么要采用这种安装方式而不是另一种安装方式。在起步阶段，这样的过程越细致周密，学生就越能感受到实验精细化操作的重要性。不断优化实验过程，强化实验方法，学生的实验习惯与方法就会越来越规范，在后面碰到有难度的实验也不会畏难了。

3. 探究结论缜密化

通过探究实验，得到相关的物理概念与规律，而如何正确、准确地表达物理概念与规律是初中物理教师在课堂中要对学生重点培养的素养。物理学科属于典型的自然学科，物理教学简而言之就是概念与规律的教学。

在《3.3 汽化和液化》一课中，我给学生展示了如图 2-28 所示的图片。第一幅图探究液体的表面积大小是否影响蒸发速度；第二幅图探究液体的温度高低是否影响蒸发速度；第三幅图探究液体表面空气的流动速度是否影响蒸发速度。利用这三幅图，我有意识地训练学生利用控制变量法来缜密表达。第一幅图，要得出液体的表面积大小会影响蒸发速度的结论，就要控制液体的温度与液体表面空气流动的速度相同；第二幅图，要得出液体的温度高低会影响蒸发速度的结论，就要控制液体表面积与液体表面空气的流动速度相同；第三幅图，要得出液体表面空气的流动速度会影响蒸发速度的结论，就要控制液体的温度与液体的表面积相同。

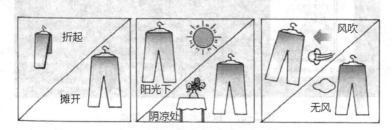

图 2-28　影响蒸发速度的因素

物理实验结论除了语言上要缜密表达外，在图像、数学表达式、物理量符号、关键文字的书写等方面的缜密表达也是不能忽视的。例如，坐标图中刻度线标注不规范，电路图中导线交叉了；微米写成了 um（正确的应该是 μm）；电压的符号写成了 V（正确的应该是 U，V 是电压单位的符号）；重力的方向是竖直向下，写成了"坚"直向下；等等。

结论的缜密性表达如何培养如何建构，需要我们老师从每节课抓起，从每个实验结论的表达抓起。实验结论的表达代表着表达人的物理素养与专业功底，专业素养越扎实底子越厚，表达得越缜密越到位。表达人是否在结论的表达思考过程中养成了缜密的思维习惯，会在其结论表达中体现得淋漓尽致。结论缜密表达习惯的培养，对于学生物理观念的规范形成，科学思维的培养，科学态度与责任的养成都是起着促进作用的。

4. 探究形式灵巧化

探究的形式多种多样，作为老师我们需要的是按需选择灵活组合。下面以《2.2 声音的特性》和《18.1 电能 电功》中的探究实验为例来探讨一下探究环节的选择与组合。

在《2.2 声音的特性》一课中，探究什么因素决定音调的高低（图 2-29），我采用的是老师提出问题、引导学生猜想与假设、制订计划与设计实验，学生进行实验与收集数据、分析与论证、评估、交流与合作的方式来完成的。学生通过钢尺振动和刮梳子的实验感受到音调高低与振动快慢的关系，实验目的明确，实验过程完整，实验结论表达清晰。

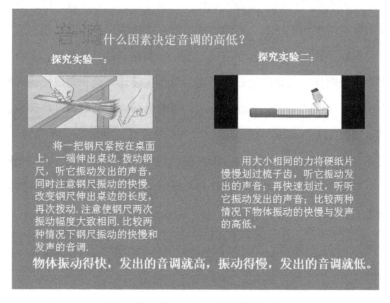

图 2-29 探究决定音调高低的因素

在探究什么因素决定响度大小时，我采用的是老师提出问题，提供指定实验器材，学生设计相关实验的方式。学生设计出的第一个实验是轻敲与重敲音叉后观察乒乓球弹起的高度，设计出的第二个实验是轻敲鼓和重敲鼓观察纸团被弹起的高度。这样综合两个实验学生进一步归纳出物体振幅影响声音的响度。接着我在一个学生的耳边低声细语，然后提问，听到我说话的请举手，这样引导学生归纳总结出响度的大小还与距离发声体的远近有关。以上的探究实验，形式是多样的。

在《18.1 电能 电功》一课中，探究电流做功多少与哪些因素有关的实验中，因为学生的物理专业功底已经较为扎实，认知水平和心理素质较先前成熟，这个时候我就这样设计实验教学。首先引导学生猜想电功与哪些因素有关，然后要求学生根据控制变量法来理清实验思路，接着给学生提供实验器材（直流电源、小灯泡、电流表、电压表、导线、开关等），让学生分步设计可行性实验，最后要求学生以小组为单位完成实验并得出结论。这里教师的引导与点拨所占的份额比较少，学生完成的探究过程较多，思维量较大。在设计实验时，学生需要利用串联电路电流相等、并联电路各支路两端的电压相等这样的典型特点；在实验进行时，学生需要非常熟练地安装电流表和电压表。虽然教材上没有这样的设计，但是根据我所在学校的校情，我设计了这样的实验教学流程与形式。实验器材容易获得，实验思路设计合理，实验现象明显，实验结论归纳严谨，学生在设计实验、完成实验和归纳总结的过程中用到了之前的知识、技能、方法，科学思维得到了锻炼，物理观念得到了升华，科学探究能力与态度得到了培养。

探究实验的形式需要不拘一格，形式的使用也不用一成不变，我们老师要做个有心人，不断地尝试，不断地创新，合理科学灵活地组合，方能让探究实验更好地为课堂服务。

第八节　适度质疑

未来的社会是多变的，我们要为国家培养能够发现问题解决问题的人才，在解决问题的能力培养过程中，学生的批判性思维是一项非常重要的素养。明代学者陈献章在《论学书》中说："前辈谓学贵知疑，小疑则小进，大疑则大进。疑者，觉悟之机也。一番觉悟，一番长进。"学贵在有疑，疑是思之始、学之端，有疑问，才可能有深入的思考，才可能有真正的学习。而学生批判性思维素养的养成从鼓励质疑开始。[8]

1. 科学应用质疑策略，培养批判性思维

质疑策略的科学应用是在教学设计中融入质疑时要重点考虑的，不能为了质疑而质疑，为了批判而批判，而是应该根据教学内容和教学目标并跟随教学设计实时选择质疑策略来培养学生的批判性思维。

在《9.4 流体的压强与流速的关系》一课中，有学生设计了这样的实验：将纸叠成如图 2-5 所示形状，用吸管向内吹气，判断纸是向内合拢，还是向外张开。我们的直觉认为是向外张开，但是实验结果是向内合拢，因为纸中间空气流速大而压强小，外面的空气流速小而压强大。这里我们就要引导学生保持对生活中的一些直觉和知识的适度质疑的态度。

在规律应用环节，我给学生播放了电影《泰坦尼克号》中一个有科学性错误的片段（图 2-30），这里应用了打破权威思维的质疑策略。《泰坦尼克号》是一部轰动全世界、上座率很高、评价很高的大片，那么它的电影技术团队的实力应该是相当雄厚的。当我把这个片段放出来时，学生们呈现出了前所未有的兴奋，有学生找出了大船和小船不能在海上并排前行的错误。在找出这个错误的过程中，学生们完成了对伯努利原理的应用，学生们从中也知道这部电影不是纯实景拍摄，而是借助了多媒体辅助手段，恰恰是这种多媒体手段的应用而使导演忽视了客观事实。学生们也从这段学习中学到了权威有的时候也有可能出错，要保持对权威的适度质疑。

图 2-30　《泰坦尼克号》电影片段

再比如"光年"这个长度单位，有些媒体经常把"光年"当成时间单位，因为"年"是时间单位，他们就想当然地认为"光年"也是时间单位。学习了光速后，学生可以通过自己的理解推导出，"光年"就是光在真空中一年所经过的距离，一般用来量度很长的距离。在这里，学生学会了碰到新的概念词语，不能想当然，要适度质疑，然后自己努力去求证。

质疑的策略多种多样，这里的分享只是质疑策略的九牛一毛。在质疑策略的尝试中，需要尊重客观事实，遵循物理概念与规律，引导学生用科学的眼光，用批判和发散的思维去思考问题。

2. 深度挖掘质疑内容，提质批判性思维

质疑内容挖掘的深度，可以展示出教师在教学上思考的深度与多元化视角的广度。质疑内容挖掘的深度越深，对于学生思维能力的长线培养影响越大。下面我以《20.5 磁生电》为例交流一下质疑内容的深度挖掘。

我上了一堂《20.5 磁生电》网课，为了丰富课堂，我从四个维度进行多层次多角度总结。第一维度是新旧对比（图2-31），第二维度是知识网络（图2-32），第三维度是物理学史。在进行这三个维度总结时，我有意识地引导学生去质疑去归纳。

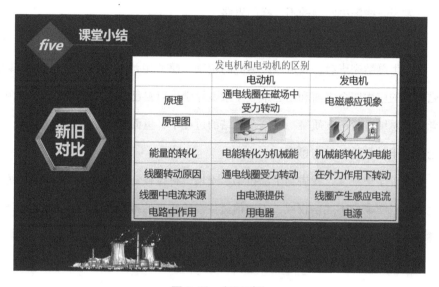

图 2-31　新旧对比

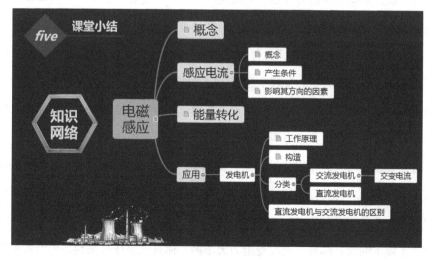

图 2-32　知识网络

在新旧对比维度，我先要学生回忆电是怎样产生磁的，然后引导学生进行逆向思维：既然电能产生磁，那磁是否也能产生电？逆向思维也是一种批判性思维，就是凡事反过来想想。经常对学生进行这种思维训练，能让学生走出一些直线思维的误区，发现一些解决问题的不一样的思路。

在知识网络维度，学生会总结一部分，但是他们的知识体系还不系统、不全面。在学生总结完毕后，我从电磁感应的定义、感应电流、电磁感应的能量转化、电磁感应的应用四个方面利用思维导图来引导学生对自己的总结进行反思，也可以对老师的总结进行适度质疑。在这个总结的过程中，里面既有学生思维的呈现，又有老师对于教材的整理与思考。

在物理学史维度，我讲到了法拉第、安培、科拉顿三个物理学家，就是要引导学生学习科学家们不迷信权威、不迷信过往经验数据的批判性精神，同时也向学生讲述了科学家们平凡的一面，增强学生学好物理的自信。

3. 精心设计质疑过程，优化批判性思维

对于初中物理课堂而言，教学过程是个探究过程，更是个不断质疑的过程，这个过程的设计需要老师精心谋划，下面我以《8.1 牛顿第一定律》为例来谈谈我是如何精心设计质疑过程从而达到优化批判性思维目的的。

《8.1 牛顿第一定律》一课主要是完成对牛顿第一定律的内容的解读。我通过反复阅读课程标准和教材，发现牛顿第一定律的内容对于初二的学生来说还是较难较抽象的。如何利用学生已有的认知水平来设计从质疑到接近真相再到抽象成物理规律的教学过程，这是我重点要考虑的。

首先我从复习力的作用效果开始，然后到"真空铃"实验，接着再到小球在斜面的运动实验，再到提出假设"运动小球不受阻力将会怎样运动"。这都是为探究"阻力对物体运动的影响"做铺垫。在探究"阻力对物体运动的影响"实验中，我设计了如下问题：你是如何改变阻力大小的？你是观察什么来判断阻力对小球运动的影响？这是哪种研究问题的方法？对实验步骤你有什么反思？我要求学生分组完成"阻力对物体运动的影响"的探究实验，小组内学生可以互相质疑对方的操作和结论。

课程的最后，我又从物理学史维度对学生进行批判性思维训练。古希腊著名的科学家和哲学家亚里士多德认为"运动者皆被推动""当推一个物体的力不再推它时，原来运动的物体便归于静止"。换言之，力是维持物体运动的原因。我要求学生先自己对这个观点进行评判。一般说来，很多老师使用这个资源都是放到课题的引入部分，而我却放到教学的最后环节。我的理解是，质疑应该是适度的，是科学的，是理性的，也应该是适合初中学生的认知水平的。为了帮助学生更好地完成与古代科学家的观点的碰撞，应该先做好铺垫和积累。这节课，显性线索是牛顿第一定律，隐形线索就是解决好"力到底是维持物体运动的原因还是改变物体运动的原因"这个问题。学生若要有底气和大师对话，就必须要有足够的知识积累，要有充分的思维方法储备，要有能够达到综合运用物理概念和规律的能力水平。正因为有了这样的准备，学生们在大师面前才不会胆怯，敢于提出自己的观点。在教学过程中，我把学生放到课堂活动的中心，所有的教学活动都是围绕"两种观点之争"的质疑来进行的，通过精心设计，使学生建立适度质疑、科学质疑的意识，批判性思维从而得到优化。

第九节　深耕单元

传统以课时为教学时间单位的教学设计容易产生"只见树木不见森林"的问题，不利于知识体系和学科观念的整体建构。基于学科核心素养建构教学单元，对教学单元进行深耕，有利于学生进行深度学习，建立对物理学科体系的完整客观的认识[14]。下面我将从单元设计的整体性、综合性、阶梯性三个方面分享我对单元设计的一点实践与思考。

1. 用发展视角把握单元整体性

我的理解，单元设计教学中的"牛鼻子"是单元的整体性，要抓住这个"牛鼻子"，就要用发展的视角，发展的视角即考虑学生知识水平发展的路径。抓住整体性这个"牛鼻子"，就能较好地进行单元设计，如果抓不住，那么单元设计将会流于形式甚至会"流产"。下面我以第十章浮力为例来说说单元的整体性的把握。

第十章浮力的核心内容为浮力，经过我多年的教学实践，我发现本章主要有两条线索，第一条是计算浮力的四种方法，第二条是物体的浮沉条件。计算浮力的四种方法是称重法（在第一节、第二节中）、原因法（在第一节中）、阿基米德原理法（在第一节、第二节中）、悬（漂）浮条件法（在第一节、第三节中）。我始终是围绕这两条线索进行单元整体设计的。正是做到了这样高屋建瓴的整体性把握，学生学起来一点都不迷糊，知识点都掌握得很好。

正是因为有了整体性单元设计的思路，才让我的教学设计、教学步骤变得连贯性很强。物理学科是一门自然科学，自身的体系是非常完整的，整体单元设计的最大亮点是将碎片化的知识变为整体化的知识体系，让学生感受一个更为全面更为客观的物理世界。经过整体单元设计的课程，学生们感受到的不会是一个个孤零零的知识点、一片片零散的知识碎片，而是一张知识网甚至是一个知识体，这个知识网或知识体是稳定而牢固的。

2. 用系统视角达成单元综合性

系统化梳理单元，对于老师整理教材的能力要求是很高的，要有"交给孩子一杯水，准备一桶水"的储备。这"一桶水"的获得需要老师大量查阅备课资料，花费很多精力梳理后拓展、拓展后梳理。这样的反复过程就如同梳头发，把打结的头发先梳理顺畅，再考虑是扎麻花辫还是马尾巴或是盘刘海。系统化梳理单元后，许多知识就会自然而然地综合到一起，单元的综合性就体现出来了。这个系统化的过程是非常有创造性的，也很考验老师的耐心。

就《8.1 牛顿第一定律》一课，我用"一条定律""二个名称""三种方法""四个人物"对其进行了系统化的梳理（图 2-33）。这里系统化梳理的知识综合性比较强，既有知识点，又有探究方法，还包含物理学史。虽然这只是一节，但是因为其特殊性不亚于一个单元，所以我仍然用系统性的单元设计思想对其设计。

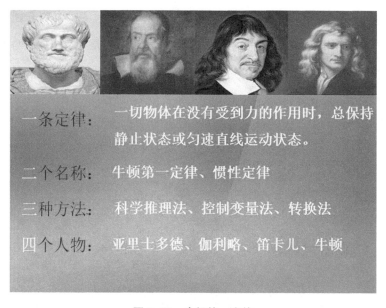

图 2-33 牛顿第一定律

3. 用渐进视角实现单元性阶梯性

每个学科都有着自己独有的学科系统与思维，围绕"项目""大概念"整合教学内容是世界课程发展的主流，这有利于学生核心素养的发展。[14] 单元是知识结构化的重要表现，是学科课程实施的基本单位，单元的组成应是一组彼此有关联的学习内容与学习活动。单元是根据课程标准，围绕学科某一核心内容组织起来的，体现学科知识发展方式、学科思想与方法深化方式，丰富能够激发学生深度参与学习活动、促进学生学科核心素养发展的主题。[15]

在《10.3 物体的浮沉条件及应用》一课中，我所有的教学环节都是围绕浮力计算的四种方法（图2-34）和物体的浮沉条件来进行设计的。环节1，探究物体的浮沉状态及条件，引导学生通过生活中常见的物体进行浮沉状态和条件的探究。基于环节1、环节2开始引导学生进行物体浮沉条件的归纳。环节3在环节1、2的基础上，进行浮力计算的四种方法的归纳与梳理。课程最后，我安排学生对浮力计算的每种方法进行应用。计算方法是本课的重难点，它与前面章节联系非常紧密，学生不但要学好本课的内容，还要对之前的章节内容熟练于胸，所以在课程最后进行计算方法的应用是恰当的。一个接着一个的教学环节都是紧紧围绕那两条线索进行的，环节的难度是逐渐提高的。在这样的单元教学中，学生收获的不仅仅是系统的知识，还有联系紧密的结构化知识。

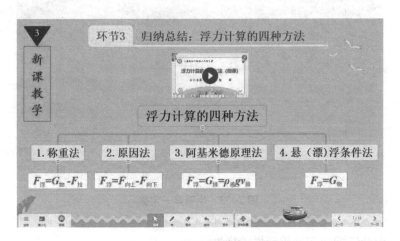

图2-34　浮力计算的四种方法

整个浮力板块，学生学习起来还是有点畏难情绪的，需要老师深度调研学情、深度研读教材，然后把学情和教材进行融合，按照由浅到深、由易到难的原则设置梯度合理的学习进阶活动。在学习进阶活动中不仅要解决"是什么"的问题，更重要的是要解决"为什么这样"的问题。学习进阶是对学生在一段较长的时间跨度内学习或研究某一主题时，其思维方式从新手型到专家型的连续且有层级的发展路径的描述。学习进阶刻画了伴随知识学习由浅入深的思维发展层级，而学习过程设计是对学习过程由浅入深的规划。[16]

在单元设计教学中，阶梯性的把握需要教者在设计学习活动时多一些细心、多一些耐心、多一些精心，做到"心中有课标，眼中有学生，胸中有教材，手中有教法"。只有把课标、教材、学生、教法巧妙地融合并设计出梯度分明、层次合理的教学活动，学生们才能被培养成"心中有想法、眼中有世界、胸中有方法、手中有做法"的社会主义接班人。在这样阶梯性的教学中，学生的思维能力与方法的培养就很像蒸鸡蛋羹，慢慢地，随着温度的升高，鸡蛋与水的混合液变成了熟透了的鸡蛋羹。

物理学科核心素养的四个维度是相互关联的，教师要反复解读课标与教材，充分利用教学素材，重组教学资源，用"大概念""大单元"的视角去处理教材，重构课堂，重构物理概念与规律，还原真实的物理世界，激发学生对物理学科的学习兴趣。在单元教学的关联性方面，教师需要紧密围绕单元核心知识进行物理观念、科学思维、科学探究、科学态度与责任四个维度的分解与整合，这种分解与整合要"形散而神不散"，不管是多少个维度，总是围绕其对应的核心线索，这样单元教学的关联性方可体现得淋漓尽致。

第十节　化繁为简

皮亚杰认为，知识是个体与环境交互作用的过程中逐渐建构的结果，是头脑中认识的重建。由此可见，学习的过程不是教师把知识简单地传递给学生，而是学生自主建构的过程，这种建构才是理解性学习。[17]物理观念、科学思维、科学探究、科学态度与责任这四个维度的核心素养目标的达成需要教师有"化繁为简"的教学意识与教学思维。下面我从这四个维度分享一下我在教学活动中是如何尝试"化繁为简"的。

1. 物理观念建层级

物理观念是物理核心素养形成和发展的基础，是知识与技能目标的提炼与升华。物理学科的知识与技能往往是零散的、分离的，学生若是获得了大量具体的知识技能，却不能在头脑中形成对物理世界的完整认识，不能用物理学的知识和方法解释自然现象和解决实际问题，就不能说形成了物理观念，具备了核心素养。[18]

老师在设计物理观念教学时，要注意建立层级，让学生感受完整的客观的物理世界，这样才能更好地助力学生利用物理学科知识与思维去认识世界、改造世界。下面我以第十章浮力为例，谈谈物理观念层级的梳理与归纳。

我先列出第十章浮力的学习目标，如表2-1所示。

表2-1　第十章浮力学习目标

内　容	学习目标
10.1　浮力	1. 了解浮力是怎样产生的； 2. 知道浮力的方向； 3. 知道浮力的大小等于什么。
10.2　阿基米德原理	1. 理解、掌握阿基米德原理。 2. 利用阿基米德原理解决实际问题，进行简单的浮力计算。
10.3　物体的浮沉条件及应用	1. 知道物体的浮沉条件。 2. 了解轮船的漂浮原理、潜水艇的浮沉原理、气球飞艇的升降。

通过反复梳理，我画出来如图2-34所示的思维导图。现在我们来看看表2-1的学习目标与图2-34的四种计算方法的对应关系。"了解浮力是怎样产生的"对应"原因法"；"知道浮力的大小等于什么"对应"称重法"；"理解、掌握阿基米德原理"对应"阿基米德原理法"；"知道物体的浮沉条件"对应"悬（漂）浮条件法"。而"知道浮力的方向""利用阿基米德原理解决实际问题，进行简单的浮力计算""了解轮船的漂浮原理、潜水艇的浮沉原理、气球飞艇的升降"都是计算

浮力的四种方法与物体的浮沉条件的应用。例如同一艘轮船从河里开到海里，船是上浮一些还是下沉一些的问题：

轮船总是漂浮，所以

$$F_{河水}=G，F_{海水}=G（漂浮条件法），$$

又因为是同一艘轮船，所以 $F_{河水}=F_{海水}$。

根据阿基米德原理法有

$$F_{河水}=\rho_{河水}gV_{排河水}，F_{海水}=\rho_{海水}gV_{排海水}，$$

即

$$\rho_{河水}gV_{排河水}=\rho_{海水}gV_{排海水}，$$

而 $\rho_{河水}<\rho_{海水}$，所以 $V_{排河水}>V_{排海水}$，即同一艘轮船从河里开到海里，轮船会上浮一些。

无论是轮船的漂浮原理，潜水艇的浮沉原理，还是气球飞艇的升降，本来是比较难以解释的物理现象，但是通过之前计算浮力的四种方法和物体的浮沉条件的总结归纳，让学生形成了浮力板块较为科学严谨的知识系统，学生解决起浮力相关的实际问题也能得心应手，不至于畏难。在这样的建构过程中，学生们心中会形成一张物理观念的层级图，需要哪个层级的物理知识来解决问题，学生心里也会非常有谱。所以，帮助学生建构系统的、条理清晰的物理观念层级是非常重要的。

2. 科学思维建构方法

科学思维的基本方法是物理教学发展学生科学思维能力的具体内容。思维方法就是思维主体为达到思维目的，把相关概念和动作因素组合排列成为静态的或动态的具有先后次序、步骤、程序和可以运行的操作过程的总和。人们要想解决复杂的物理问题，必然需要采用各种方法，而这些方法的核心就是思维方法。[17]在教学活动的设计中，老师眼光一定要着力在科学思维方法的可视化上，尽量使思维方法显性化。古人有云："授人以鱼，不如授人以渔。"授人以鱼只救一时之急，授人以渔则可解一生之需。

我对《8.1 牛顿第一定律》教学内容建构了科学思维方法的显性化路径，如表2-2所示。

表 2-2　《8.1 牛顿第一定律》科学思维方法的显性化路径

教学环节	教学内容	科学思维方法的显性化路径
引入新课	1. 力的作用效果有哪些？ 2. 观察图中的真空铃实验。 （1）此实验说明了什么？ （2）结论的得出用到了什么方法？  	为"探究阻力对物体运动的影响"的实验在知识、实验方法、推理方法上做准备，特别是"真空铃"实验中的"理想实验法"。
新课教学	观察与思考： （1）让小车从斜面滑下，观察小球会有什么现象发生？ （2）小车在水平面上为什么会停下来？ （3）假设运动小车不受阻力，它将会怎样运动？	为"探究阻力对物体运动的影响"的实验做好研究思路的铺垫，特别是小车受到阻力会停下，假设没有阻力会怎样？这里采取了"假设"思维法。
	探究阻力对物体运动的影响，利用课桌上提供的器材设计实验。 （1）实验器材：小车、斜面、棉布、毛巾、木板。 （2）实验目的：探究阻力对运动的小车有何影响。 （3）实验过程： a. 你是如何改变阻力大小的？ b. 你是观察什么来判断阻力对小球运动的影响？这是研究问题的一种什么方法？（转换法） c. 实验中为什么要求同一小车从同一斜面同一高度滑下？实验中还需要注意什么？我们在这个设计上主要用到了什么实验方法？（控制变量法） （4）学生实验，记录实验结果并分析实验结果推导出结论。（推理法）	为准确高效地完成实验，做好一系列知识、方法、技能等的准备，特别是转换法和控制变量法这两种实验方法的显性化。转换法和控制变量法学生在前面章节已经接触过，在这里是个再应用再温习的过程，初中学生需要对这些方法不断地进行有深度的重复与温习。 在实验的总结归纳环节，还原了牛顿第一定律得出的过程与方法。牛顿第一定律是实验+推理法结合得出来的，推理法也是物理学中常用的一种思维方法。

在上述牛顿第一定律的得出过程中，转换法、控制变量法、推理法三种思维方法都是可视化的。在教学活动中，老师在完成教学目标的同时，要尽可能多地将科学思维方法融合、可视化，帮助学生利用物理概念、物理规律通过自己的理解建构科学思维方法。

3. 科学探究讲步骤

现代物理教学过程要求教学过程从强调论证知识的结论向获取知识的科学过程转化，从强调单纯积累知识向探索知识方向转变。《普通高中物理课程标准（2017年）》指出："高中物理课程注重体现物理学科的本质，从物理观念、科学思维、科学探究、科学态度与责任等方面提炼学科育人价值。"科学探究是指基于观察和实验提出物理问题、形成猜想和假设、设计实验与制订方案、获取和处理信息、基于证据得出结论并作出解释，以及对科学探究过程和结果进行交流、评估、反思的能力。科学探究能力的培养，应渗透在物理教学的整个过程。[18]

我不主张对科学探究的步骤进行模式化，老师可以根据具体的教学资源与学情来有选择性地对科学探究步骤进行整合与实施。下面我以《9.4 流体压强与流速的关系》一课的教学片段（表2-3）为例探讨一下科学探究步骤的"化繁为简"。

表2-3 《9.4 流体压强与流速的关系》教学片段

步骤编号	科学探究步骤	科学探究内容	说明
步骤一	提出物理问题	（1）老师播放龙卷风视频。 （2）导入：在刚才的画面中，为什么龙卷风会轻而易举地掀开房顶呢？	用"卷我屋上三重茅"的实际情境提出物理问题。

续表

步骤编号	科学探究步骤	科学探究内容	说明
步骤二	演示实验、得出结论并猜想	(1) 液体压强与流速的关系。 ①教师演示实验——伯努利实验。 ②观察实验并讨论得出结论： a. 管子粗的部分的流速小，液体压强大；管子细的部分的流速大，液体压强小。 b. 液体流速与压强的关系：流动液体中的压强，流速较大的位置，压强较小；流速较小的位置，压强较大。 (2) 气体压强与流速的关系。 ①猜想：既然液体的压强与流速有这样的关系，那么气体也会有类似的关系吗？ ②教师提供的实验器材：乒乓球、玻璃棒、纸条、吸管、烧杯、水、剪刀、双面胶。	因为学生的知识水平与思维能力还不到火候，所以教学中我也不主张漫无目的地猜想。老师先做实验演示，与学生共同探讨结论，再引导学生做其他的类比猜想，这样的顺序是比较合适的。
步骤三	设计实验	学生们通过小组成员间协作设计出了精彩的方案。 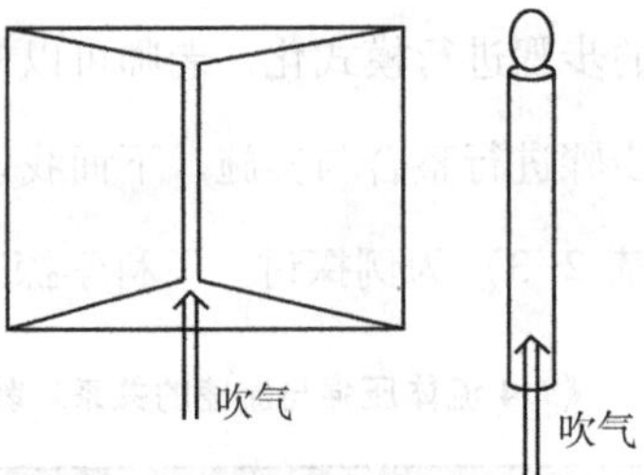 吹气　　吹气 方案一：将纸叠成如图所示，用吸管向内吹气，纸向内合拢。 方案二：将纸卷成筒状，将乒乓球置于上端，从下端吹气，乒乓球不会向上冲，而是在原处打转。	学生们自己设计实验，获得了成就感，提升了对物理学习的兴趣。
步骤四	基于证据得出结论并作出解释	(1) 总结：气体的压强与流速有关。 (2) 进一步总结：伯努利原理——流体在流速大的地方压强小，流速小的地方压强大。 (3) 讲述伯努利的生平简介，进行情感教育。	师生共同探讨得出结论。

续表

步骤编号	科学探究步骤	科学探究内容	说明
步骤五	对科学探究过程和结果进行交流、评估、反思	（1）学生探讨各个设计实验的优劣。 （2）反思自己的实验有哪些可以改进的地方。 （3）列举生活中还有哪些现象利用了伯努利原理。	这种交流、评估、反思形式是多种多样的。

在上述教学片段中，科学探究的环节与步骤清晰明了，复杂的物理原理通过明确的探究步骤被灌输给学生，学生收获了知识、能力、方法、思维等复合型的科学探究能力，发展了科学探究的核心素养。在这里，探究步骤发挥了"化繁为简"的梳理与链接作用。

4. 科学态度与责任强渗透

物理学科是自然科学领域的一门基础性学科，研究自然界物质的基本结构、相互作用和运动规律。物理学作为人类科学文化的重要组成部分，蕴含着丰富的科学思想、方法、态度和精神等德育元素，同时有助于培养学生科学的自然观，有效激发学生探索世界、探究未知的创新精神和实践能力。[19]

物理学科的目标之一是要培养学生利用所学物理知识以负责的科学态度去自动担当起认识世界、改造世界的历史使命与责任，这应该是物理教学较高层次的价值取向与教学理想。我的理解是，利用物理教学，在发现物理学科本质的过程中，聚焦学生科学态度、社会责任感等核心素养的培养来渗透德育教学。因为部分老师在教学时窄化了物理教学，认为中学物理课堂就是完成教授知识，从而使学生考出好分数，所以我在小标题里关于科学态度与责任用了个"强渗透"。

在物理教学中，利用帮助学生认识物理学科本质的过程中来培养科学态度、强化社会责任感的途径与方法有很多，我在教学中还是尝试着"化繁为简"。在物理教学中，我主要是从物理学家与物理学史、物理生活情境与问题、物理实验过程等方面来培养学生认真严谨、求真务实的科学态度，增强学生的社会担当与责任感。

在物理学家与物理学史方面，比如，在《9.4 流体的压强与流速的关系》一课中，我只花了 5 min 介绍了伯努利一生，学生对伯努利的兴趣就被激起，课后他们就会进一步去了解伯努利其人其事，伯努利的专注和钻研精神就会对学生形成潜移默化的作用。再比如，在《20.5 磁生电》一课中，我给学生讲述了电磁感应现象被人类发现的物理学史，并没有讲得面面俱到，而就讲核心科学家的核心故事，学生会感觉原来物理规律的发现过程不是那么简单但是也是有趣的。

在物理生活与情景方面，我一般都是就地取材。例如，《2.2 声音的特性》一课我就用了家乡的歌曲《请喝一碗石门茶》的 MTV，《3.3 汽化和液化》一课我就展示了家乡的"罗坪云海"和茶叶，《20.5 磁生电》一课我就列举了家乡已经建设好的各种电站。通过这些素材向学生展示家乡的美，激起学生对家乡的热爱之情，唤醒学生建设家乡的责任意识。有时候，好的素材就在我们身边，我们不用舍近求远。

还有很多这方面的例子，我都是采用"抓住要点，不及其余"的"化繁为简"的方式。

第十一节　化简为繁

随着中国"核心素养"时代的到来，"以德为先，全面发展，因材施教，知行合一"的教育理念逐步深入人心。无疑，学生发展核心素养将会成为未来基础教育改革的理念内核，课程重构、学科重组和课堂重建将会成为未来学校实施课改的基本路径。[20]在课堂重建过程中，"化简为繁"是一种常见的课堂重建的策略。换一种说法，在课堂教学设计中，围绕某个知识点或者微板块，要进行多维度的教学设计，一题多变、一式多变、一物多用等都是"化简为繁"策略的体现。下面我从四个方面进行分享。

1. 单一知识，多个角度探究

在初中物理教学中，大部分时候一节课会解决一个问题或者一个知识点，为完成这个知识点的学习，我会花大量的精力去找素材，然后反复比较优化，将素材科学组合后放到教学中去。例如，《9.4 流体压强与流速的关系》一课中，主要是为了完成"流体在流速快的地方压强小，在流速慢的地方压强大"的教学。为了让学生感受到这个规律在生活中的存在，我在课堂精选了五个相关素材进行教学：

（1）观看飞机飞行表演，简述飞行升力产生的原理；

（2）观看《泰坦尼克号》一段录像，找出其中的科学性错误；

（3）观看龙卷风视频，想一想龙卷风为什么能掀开房顶；

（4）观看足球赛中"香蕉球"的视频，想一想"香蕉球"为什么能沿弧线飞行；

（5）将排水管子一端放在有纸花的容器里，另一端开口向上置于空中，不停地晃动排水管的上半部分，观察有什么现象发生。

另外，在课后我还教学生制作了简易淋浴器。简易淋浴器的"混合器"其实就是一个可以调节横截面积大小的"三通"，当凉水从水龙头流经混合器时，热水会自动从热水壶中上升与凉水混合流到喷头洒出。

在这堂课的教学设计中，实现了一个知识点多个角度探究论证，让学生感受到物理概念与物理规律并不是枯燥的干瘪的，而是藏在我们的生活中，随处可见。在这个探究归纳概念与规律的过程中，教师整理与处理素材的能力得到快速成长，学生的探究能力也得到了提高。单个物理概念与规律本身就是一两句话，但是要完成对物理概念与规律的深度解读，就需要教者进行多角度地补充升华素材，从而完成较为理想的教学。

2. 单一器材，多个实验应用

教育部 2019 年 11 月下发了《关于加强和改进中小学实验教学的意见》，在其总体要求中指出："着力提升学生的观察能力、动手实践能力、创造性思维能力和团队合作能力，培育学生的兴趣爱好、创新精神、科学素养和意志品质。"物理是一门以实验为基础的学科，可以说加强实验教学是物理教师的一种职责。[21]在初中物理实验教学中，对于我们这些乡村学校而言，很多时候需要我们教师自己去开发去挖掘身边的器材来创造性地进行实验从而达到物理概念与规律的教学。下面我以矿泉水瓶为例，谈谈一种实验器材多个实验应用的问题。

首先看图2-35中的实验。将矿泉水瓶的底部剪掉，然后用剪开的气球将矿泉水瓶底部封紧，接着将矿泉水瓶盖子去掉，最后用力拍打气球，使气球振动发声。这样，气流快速地从瓶口送出，可以将燃烧的蜡烛吹灭。这个实验证明了声音可以传递能量。

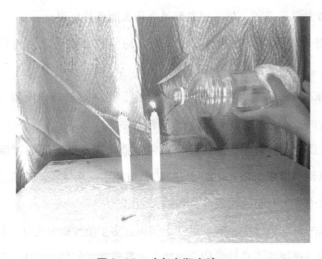

图 2-35   矿泉水瓶实验一

在图2-36的实验中，利用矿泉水瓶和乒乓球可以粗略地探究浮力产生的原因。在图2-36（a）中，将矿泉水瓶的瓶盖盖上，这个时候乒乓球会浮上去，因为乒乓球受到向上的力大于向下的力。而在图2-36（b）中，瓶盖被去掉，水往下流，这个时候乒乓球受到向下的力大于向上的力，被紧紧地压在了矿泉水瓶瓶口。

（a） （b）

图 2-36 矿泉水瓶实验二

在图 2-37 的实验中，通过打气筒不停地往矿泉水瓶里面打气，当矿泉水瓶里面的酒精蒸气被压缩到一定程度时，塞子跳起，瓶内有大量白雾产生。这个实验说明，当酒精蒸气对外做功时，内能会减小，温度降低，酒精蒸气液化成酒精液珠。

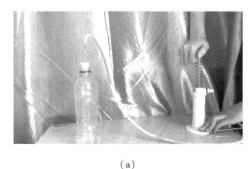 

（a） （b）

图 2-37 矿泉水瓶实验三

其实，可以利用矿泉水瓶来完成的初中物理实验远远不止这些，在利用矿泉水瓶完成各种各样的实验中，学生们会感受到物理实验的魅力，原来可以"变废为宝""化腐朽为神奇"。从思维培养与提升的角度，这是发散性思维在物理教学中的体现与落地。我们给学生传递的是，只要你拥有一双善于发现的眼睛，生活处处皆物理，物物都是实验器材。这样创造性的劳动中，学生真正实现了动手动脑学物理，这是刷多少道题都无法替代与超越的。

3. 单一题型，多个问题设计

学习进阶理论认为，学生的思维发展过程具有"进阶"的特点，学生学习的过程就是思维从简单到复杂的连续发展的过程。这是一个长期的过程，需要经过不同的"阶"，"阶"代表了学生思维的不同水平，处在不同"阶"的学生的思维方式存在差异。[22]在初中物理习题教学中，我主张一题多问，不是很认同在初中阶段大量刷题。有一年，中考复习的时间较长，我就安排了三轮复习（都是做题），结果通过综合性检测发现，第三轮复习对于学生没有起到促进的作用，反而全班同学测试成绩的平均分、合格率、优秀率都出现了不涨反跌的现象。从那以后，中考复习的轮数我不再突破两遍。根据我在教学实践中跟踪学生在高中、大学阶段的物理思维的发展，我发现，在初中物理课堂中如果过分地刷题，对于学生的科学思维不仅没有促进作用，反倒会损害、禁锢。基于此，在习题的选择、设计、讲评中，我主张一题多问，教师在讲评的过程中应遵循学生的思维台阶、遵循知识点的前后衔接与顺序来提出问题。下面以压力与压强的一道计算题为例来谈谈一题多变的具体做法。

如图 2-38 所示，铁桶重为 20 N，桶的底面积为 100 cm²，往桶里倒入 8 kg 的水，水的深度为 15 cm，平放在面积为 1 m² 的水平台面上。求（g 取 10 N/kg）：

(1) 水对桶底的压强；

(2) 桶底受到水的压力；

(3) 台面受到桶的压力；

(4) 台面受到桶的压强。

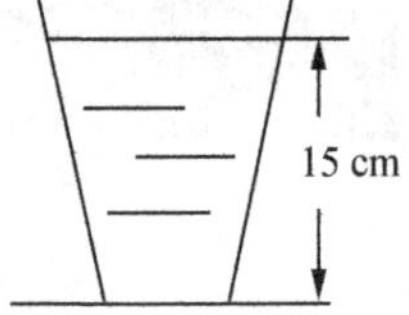

图 2-38 例题图

解：(1) $p = \rho g h = 1.0 \times 10^3 \text{ kg/m}^3 \times 10 \text{ N/kg} \times 0.15 \text{ m}$

$$= 1\,500 \text{ Pa}$$

(2) $F = pS = 1\,500 \text{ Pa} \times 0.01 \text{ m}^2 = 15 \text{ N}$

(3) $F' = G = G_桶 + G_水 = G_桶 + m_水 g = 20 \text{ N} + 8 \text{ kg} \times 10 \text{ N/kg} = 100 \text{ N}$

(4) $p' = \dfrac{F'}{S} = \dfrac{100 \text{ N}}{0.01 \text{ m}^2} = 1 \times 10^4 \text{ Pa}$

这道题涉及固体压力、固体压强、液体压力、液体压强，还延伸到物体的重力、质量等的计算，在解题的过程中，要帮助学生梳理这些知识点。当学生对这些知识点掌握得比较熟练的情况下便可以开始拓展到其他问题，如液体压强公式的推导（$p=F/S=G/S=mg/S=\rho Vg/S=\rho shg/s=\rho gh$）。

教师能够从一道题衍生出多个问题多个思路，日积月累，学生的科学思维也会慢慢打开，教师的整理、拓展素材的能力也会提升，教师和学生都得到了成长。

4. 单一公式，多个形式变化

深度学习被视为达成核心素养培养目标的必由之路，兼具理念与策略的双重属性。有学者认为：深度学习是在教师的引领下，学生围绕着具有挑战性的学习主题，全身心积极参与、体验成功、获得发展的有意义的学习。[23]物理学科中，一个公式往往可以演变为多种形式，把公式的演变路径摸清楚，可以达到深度学习的目的。

例如，在电学板块，串联和并联的电流、电压、电阻、电能、电功、电热等的计算公式实际上都是围绕着 $I=\dfrac{U}{R}$ 来变化的。在纯电阻电路中，根据 $I=\dfrac{U}{R}$ 可以推导出 $U=IR$、$R=\dfrac{U}{I}$。基于此，在理想情况下，当电流做功全部用于发热时，则有 $W=Q=UIt=I^2Rt$，这样可以推导出焦耳定律的内容，或这样推导 $W=Q=UIt=U\dfrac{U}{R}t=\dfrac{U^2}{R}t$。

教师在进行教学素材的重构时要做到"学情心中有数""公式变形有底"，要求教师在进行素材组合的顶层设计时，抓住板块的核心公式来进行教学的展开。在对核心公式进行拆解与变形过程中，学生学会了公式之间的推导关系，也看到了错综复杂的知识网络其实是有一个底层逻辑在支撑的。而教师的教学视角在广度和深度上都会出现颠覆性变化，教学不再拘泥于几道练习题，不再拘泥于分数，而是想方设法引导学生对物理学科的全貌从感性认识到理解通透。

第十二节　激励为主

学生进入中学后，思维接近成人的思维，但这个时期非智力因素的发展还不成熟，情绪比较模糊且相当不稳定，是学生社会认知和自我意识发展的关键时期。而在这一时期，几乎所有的学生都有自信低落（对自己的交际能力充满怀疑，缺少自信）与自我意识高涨的现象。[24] 物理课程在八年级才开设，属于学生们普遍认为偏难的课程。作为一名初中物理教师，在教育教学的过程中我一直强调学生是人，是一个个具有鲜明个性与差异化家庭背景的独立的个体，在目前的教育模式下，如何去科学地对学生使用激励方法与手段是我一直在探索与尝试的。下面我从激励氛围的创设、激励方法的探究、激励策略的优化三个方面与大家进行交流与探讨。

1. 拥有容错心态，创设激励氛围

在新课的教学与复习课的教学中，我一直强调要注重学生的原生态思维，包括学生上课答问思维的展现、学生实验的操作过程、作业的独立完成、考试的真实度等，这些都是能够充分展现学生的原生态思维的。将学生的原生态思维提升到习惯深度思考的思维是一个漫长的过程，这个过程需要老师有耐心，有容错心态。

例如，水的沸腾实验，我们县城水的沸点一般是 98 ℃左右，在实验中，有一次有一个小组在水沸腾时记录的温度是 102 ℃，而且几组实验数据都相同，这个时候我会抱着容错的心态来与学生交流。在这里，我并不会先入为主地认为学生在偷懒，我是先要学生描述一下他们的测量过程，在确认测量过程没问题后，要他们换支温度计再试试，结果发现真的是温度计的问题。

在教师自己进行演示实验时，也有可能出现实验过程错误或者实验不成功的现象。例如，在做印证大气压存在的覆杯实验中，如果杯中的水与覆盖物密封性不够好就容易导致实验失败。虽然我在课前多次练习，但是，有的时候，计划赶不上变化，课中怎么也演示不好。这时候也要用容错的心态包容自己，坦然面对失败，面对学生。这时候也可以在学生面前适当反思自己，让学生看到老师是如何面对失败的，这时候学生也会学着包容老师，包容自己。

容错心态的养成首先是要求老师自己从教的心态是健康的、良性的，要学会平衡好教育质量与学生成绩之间的关系，不要过分看重学生的成绩，对学生要一视同仁。学生们学习的过程是一个摸索学习方法、验证自己学习成效的过程，我们需要给学生提供时间、提供空间让学生在实践与探索中前进，让他们自我发现、自我反省、自我成长。这个过程有的学生会快点，有的却像"小蜗牛"，告诉学生获得高分仅仅是我们教育目的非常微小的一部分，而不是我们教育教学的全部。

有了容错的心态，在学生通过初中物理学习来达成初中阶段课程标准所规定的教学目标外，我们会收获学生对老师的喜爱，收获学生之间纯真无邪的同学情，收获学生对物理学科的终生兴趣，收获学生做事严谨认真的态度，收获学生对于人生积极向上的心态，这已经远远超过课程标准的教学目标。

2. 还原人的培养，摸索激励方法

初中物理教学阶段的目标是激发学生学习物理的兴趣，养成良好的学习物理的习惯，让学生掌握物理学科一些浅显的思维方法与能力，为学生进入高中阶段的物理学习做好铺垫。在人的培养上，如何利用初中物理教学来培养学生们成长为符合国家需要的人才，这需要我们一线物理教师在激励方法方面花精力、动脑筋、想办法。

初中生处在懵懵懂懂的青春期，引导他们给自己规划好合理的目标，是激励常用的方法。例如，激励他们争做物理学习能手，争做实验能手，期末考试争取达到自己理想的目标分，初三争取考上理想的高中，老师布置的物理小实验争取成功。目标的设立需要老师根据学生的情况"量体裁衣"，本着学生"可以跳起来摘桃子"的理念，科学理性地设置目标，不能太高也不能太低，目标太高会增强学生的挫败感，目标太低不具有挑战性。

情感激励是我经常用的，我认为是简单易行的。学生掌握了一个复杂的知识点，你给他竖个大拇指，在遭遇成绩滑坡、实验失败的时候，你给他一个大大的拥抱，学生获得了心灵的满足和慰藉，这远比空洞的说教更奏效。情感激励还要建立在良好的师生关系之上。在平时与学生的交流中，要注意语言的用词，注意奖惩手段的合情合理，不要总是提及学生的失败，不要纠结于学生的一些小缺点。情感的培养都是在平时日积月累形成的。

适当的物质激励也是可以有的，可能有的老师不赞成这样做，但是对于学生们来说还是很有吸引力的。在利用物质奖励的方法时，不可多用，而要采取"少而精"的策略。例如，达到某种目标后，奖励学生棒棒糖，奖励一个小本子，奖励一支水性笔。虽然学生生活在一个物质相对丰富的时代，但是获得老师在教室里奖励的棒棒糖和家长买的棒棒糖相比，喜悦程度是完全不一样的。有的时候，全班同学某个阶段的学习取得了一个很大的进步时，给全班每人奖励1个棒棒糖的气氛是非常"拉风"的，每个学生都吃着棒棒糖，感觉学习也是甜的。而对于物理学习能手、物理实验能手，给他们本子和笔的奖励，并且给本子盖上"奖"字，在笔上绑个红色丝带，学生们也是非常开心的。

在与学生的交流过程中多多采用正面激励的方法，让学生从小进步积累到大变化，心里看到的是学生的长处，嘴里说的是学生的优点与进步，日积月累，学生也会越来越自信。当然，在使用正面激励方法时，不可夸大事实，而应该本着实事求是的基本原则来进行无痕式的正面激励，去帮助学生坦然面对学习中的每一次成功与失败。

3. 抓住课堂阵地，优化激励策略

真正要落实激励的实效，应该紧紧抓住课堂阵地。在课堂教学中，激励策略的优化我主要是从榜样激励、全员激励、标示激励这三个角度来进行的。

有研究表明，中学阶段的生生关系要优于师生关系、亲子关系。在教学中，我是将榜样设置得多种多样来达到激励学生的目的。例如，实验操作最规范的，实验完毕后整理收拾最到位的，上课答问最积极的，物理学习进步最大的，物理作图最标准的，卷面最工整的，等等，通通可以设置为榜样。榜样设计得越多角度越广，

那么表彰所覆盖的学生面越广。通过多种多样的榜样设置，让学生充分感受到榜样就在身边，同时自己也可以在某方面成为别人的榜样，这样有利于学生发扬自己的优点，改正自己的缺点，也有利于学生之间建立良好的人际关系。正如孔子所说：三人行，必有我师焉；择其善者而从之，其不善者而改之。

全员激励是优化激励方式的第二个策略。我们的课堂是面对全体学生，在激励时要考虑每个学生的学情，激励方式的选择要具有普适性，既要考虑"学优生"，还要考虑"学困生"，既要考虑学生心理特点，又要考虑物理学科特点。全员激励说起来简单，做起来很难。学生的情况千差万别，他们的数学基础、思维品质、物理生活见识、非智力因素等都是不一样的，这就需要老师在进行激励时要全面考虑学情与物理学科的课堂生成。例如，在进行力的概念教学时，对于"力的存在要以物体是否相互接触为判断依据"的对错判断可以选择学困生来回答，如果要举例的话就要选择中等学生来回答，对于其原因的解读就可以选择学优生来回答。这样问题的梯度设置蕴含着利用均衡达到优化激励方式的目的。这种全员激励不露痕迹，是渗透到教师的教学设计、问题设置中去的。我们在教学中一定要允许差异的存在，要用全员激励来达到用物理提升每个孩子的思维，助力每个孩子的成长。

优化激励的第三种策略为标示激励。激励学生的方式是多种多样的，如果激励要表现得更自然更顺理成章就要在激励的标示上下功夫。例如，借助"希沃白板5"这样的软件设计"抽红包""刮刮乐"等小游戏来激励学生，这样的可视化奖励让学生觉得幸福触手可及。我还会不定时地评选"物理学习单元明星""阿基米德原理实验完成优秀之星"等，然后组织颁奖，给学生戴上在网上购买的纸皇冠并拍照留念，这样的荣誉感学生终生难忘，给学生们的成长也留下了宝贵的影像资料。标示激励策略没有固定的模式，也没有固定的法则，我的建议是无论是怎样的激励标示，管用就好，学生喜欢就好，健康向上就好。

总之，激励的目的就是让学生产生愉悦的心情与情绪，学会用正面的情绪与态度去应对物理学习中的成功与失败。

第十三节　问题导向

问题是点燃学生思维的火种，是展开合作交流的导索，问题导学是通向高效课堂的钥匙，其关键是要能提出有效问题。教学设计其实就是问题设计，即设计有效问题。有效问题可以激发学生好奇心，培养学生兴趣爱好，营造独立思考、自由探索、勇于创新的良好环境，培养学生主动学习、自主学习，也可以激起学生探究欲望，促使他们运用已有的知识，通过质疑、分析、推理，去主动建构新知识。[25]在教学设计中，以问题为导向来深度备课和重构教学内容，是每个教师必须具备的基本功。下面我从问题素材、问题设计两个方面来分享我在问题导向的教学策略方面的一些思考与实践。

1. 问题素材，物理生活巧融合

核心素养时代更强调物理知识生活化，"从生活走向物理，从物理走向社会"的教学理念显得更为重要。在问题素材的选择上，我特别看重素材来自生活、切合物理概念与规律。

在光的直线传播的应用中，讲到小孔成像时，我展示了一张太阳通过树叶所成的像的照片，然后问学生这种现象是如何产生的，接着完成蜡烛小孔成像实验和原理分析，就显得思维路径很清晰。在探究力的概念时，我借助于"北斗三号"卫星环绕地球运行的动图（GIF）问学生：地球与卫星没有相互接触，它们之间有力的作用吗？这个素材比较时尚、新颖，学生们是非常感兴趣的，也适度融入了爱国主义教育。

素材的选取既要考虑其生活性，又要考虑其素材的物理专业性，还要考虑素材与本节课的物理概念、规律的贴合性。我们选择素材是方便学生理解物理概念、熟悉物理规律。在初中物理教学中，我们在选材时一定要考虑这个素材在物理概念与规律中的直接体现，要符合学生的思维发展水平，符合学生的认知方式。有了这样的前提，老师在问题的设置方面就会显得更为便利更为流畅，学生在素材的启发下，思维之门才能慢慢打开。在新高考启动之后，我认为，对于物理学科的思维能力要求越来越高，越来越专业，越来越精准。对于初中物理而言，如何去挖掘身边事物来进行物理教学，达到提升学生的科学思维能力的目的是我们老师要不断思考的。

2. 问题设计，重点难点巧统一

每堂课中，重点难点的植入需要老师在问题的设计上进行创造性思考与设计。下面我以第十三章内能单元复习课为例来分享一下问题设计在重点难点统一上的体现。本节课，教学重点是比热容的定义、公式、物理意义以及改变内能的两种方式，教学难点是温度、热量、内能三者之间的联系与区别。在典型例题的选择上，我用到了如图 2-39 所示的例题。这道题从表面上看只是难点"温度、热量、内能三者之间的联系与区别"的突破，但是要完成难点的突破，就必须要结合重点"改变内能的两种方式"来解读。

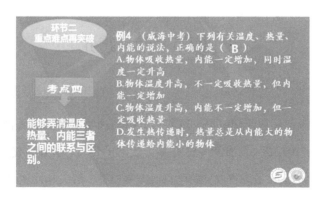

图 2-39　典型例题

对于 A 选项，学生解析：物体吸收热量，代表内能的改变是通过热传递，但是温度不一定升高。然后我会问：你能举出具体的例子吗？学生回答：水沸腾过程中，内能增加，但是温度不变。我接着问：还有吗？这个时候就会有学生补充：晶体熔化时，需要从外界吸热，内能不断增加，但是温度不变。

对于 B、C 选项，学生解析：物体温度升高，内能一定增加，但是改变内能的方式有热传递和做功，所以 B 选项正确。这时候我会问：温度升高，内能一定增加的原因是什么？学生回答：温度是影响内能的重要因素。

对于 D 选项，学生解析：发生热传递时，传递的是内能，能量传递的方向是从高温物体（部分）传递到低温物体（部分），而不是从内能多的物体传递到内能少的物体。然后我会要求学生总结温度、热量、内能三者之间的联系与区别来结束这个题目的讲解。

在解决这个题目的过程中，问题的设置是一环扣一环的，但是都是围绕温度、内能、热量三者之间的联系与区别来展开的。每节课和每个单元的教学重点、难点表面上是独立的，其实都存在着千丝万缕的联系，作为教师要找到它们之间的联系，需要深度剖析教材、重构教学素材，从"大单元""大概念"的视角上进行问题设计，利用问题来聚焦教学重点、难点，利用问题设计来突破重点、难点。

第十四节　学科跨界

"跨学科"概念起源于 20 世纪 20 年代，由美国学者泰勒、伍德沃斯等提出、倡导在高等教育中实施，发展至今已有多个版本的定义。其中，笔者认为，以艾伦·雷普克给出的定义最为权威：跨学科研究是回答、解决和处理问题的进程，由于这些问题太宽泛、太复杂，仅靠单个学科的知识不足以解决；它以学科为依托，以整合见解、构建更全面的观点为目的。可见，跨学科教学的目标是：首先使学生有效地习得学以致用的知识，其次提高学生的能力和素养，再次引导学生形成正确的世界观、人生观和价值观。[26]在教学目标从"三维目标"转向"核心素养"的时代，学科跨界在教学设计中也是需要重点考虑的。下面我从物理学科中心化、学科交叉开放化、学科衔接无缝化来分享一下学科跨界策略的尝试与思考。

1. 物理学科中心化

在初中物理教学设计中使用学科跨界的策略，首先要强调的是以物理学科为中心，合理适度使用学科跨界，不能为了跨界而跨界，更不要忘记正在进行的是物理学科教学。

下面我以自己所上的《2.2声音的特性》一课为例，展示一下如何以物理学科为中心来巧妙地实施"学科跨界"。本节课主要是围绕声音的三个特性（音调、响度、音色）来进行教学设计的。在备课时，我阅读了大量的资料，发现这堂课的引入部分有通过多媒体播放各种各样声音的，有请学生上台演示某个器乐声音的，有做声音特性小实验的，等等。我就思考，到底以怎样的方式引入才能激起学生们的兴趣呢？在这个思考的过程中，我想到了之前收藏的家乡的一首歌《请喝一碗石门茶》，这首歌是当时石门三中的郑玉娇老师演唱的。这首歌的旋律与场景也是很唯美的，既能够满足物理教学的需要，同时又能对学生进行爱家乡的情感教育，还能对学生进行艺术熏陶。这样我就毫不犹豫地选择了这首歌的 MTV 作为引入。我不是牵强地嵌入这段素材的，是以声音的特性这个物理知识为出发点，让学生在观看、聆听过程中来获得对声音的特性的初步认识。在这段教学素材的运用中，我在心中，时刻提醒自己，自己是在上物理课，所以虽然整段 MTV 有 4 分多钟，但我只选择了最精彩的 1 分 28 秒，如果 MTV 过长，就容易搞成音乐欣赏了，这个度的把握是老师在教学设计中要注意的。

在所有的跨界元素的选择与设计中，物理教师要牢牢记住物理学科才是中心，所有的素材都要为物理教学服务。只有抓住以物理学科为中心的跨界素材运用才是正确的学科跨界策略运用，只有在以物理学科为中心的前提下去选择合情、合理的跨界才是成功的跨界整合。学科间的跨界今后会成为物理教学的一种常态，因为这才是"从生活走向物理，从物理走向社会"的真正体现。我们物理老师要做"有心人"，积极挖掘生活中的物理元素来助力我们的教学，让我们的物理教学的深度与广度锦上添花，更加出彩。

2. 学科交叉开放化

在学科跨界中，物理学科属于典型的理科，但是在资源的选择上，我还是主张文理兼收，在学科跨界上不设限，以包容开放的态度与理念来进行教学设计的学科跨界。

在《2.2 声音的特性》一课中，比较典型的跨界资源有下面几个（在资源的后面我标注了每个资源辐射到的学科）：《请喝一碗石门茶》MTV（音乐、美术）、湖北随州编钟的演奏视频（历史、政治、音乐）、蜜蜂和蝴蝶飞行的视频（生物）、《拍手歌》音频（音乐、体育）、《喜剧模仿秀》视频（表演、播音）、各种器乐的"duo"模拟波形（美术、信息技术）。在资源的选择上，需要教者用心、细心，因为很多时候优质的跨界资源是可遇不可求的。很多时候，我主张在课堂中用一些家乡的资源，因为这些资源是学生们常见的、就在他们身边的。还有一些电视台的科学类节目，如《是真的吗?》《最强大脑》等也是我收集素材的来源。为什么在物理教学中，我比较喜欢用到各种各样的视频、图片呢? 因为视频、图片具有直观的特点，让学生能够迅速感知到与物理相关的生活生产现象。视频、图片很多时候都能展现现象的原始面貌，而这些现象的发生并不能单纯用物理知识来解释，而是要综合几个学科的知识才能解释。

物理概念和规律源自生活，而学好了这些知识，又可以将其反过来作用于生活。教学的目的是促使人的发展，人来自社会，而社会是色彩斑斓的，人们要生存需要各种各样的知识，物理学科仅仅是人们生存所需要的知识与技能中的一门。单一的物理学科教学的时代一去不复返，这给我们新时代的物理教师提出了更高的素养要求，既要有扎实的物理专业素养，也需要复合型的综合素养。这些素养不是一天两天可以练就的，需要物理教师坚持学习、不断阅读、不断实践、不断反思，跟随时代的节奏进步、成长、发展。

3. 学科衔接无缝化

在学科跨界中，学科与学科之间的衔接要求是较高的，讲究的是学科之间没有割裂，是浑然一体的。这就要求教师在选择资源时眼光要准，符合本堂课的物理概念与规律，资源在教学设计中的位置要准，这个资源放置在这个位置恰到好处，与整堂课的教学融为一体，不是生硬地植入。

在《10.3 物体的浮沉条件及应用》中，最后课后作业我出示了曹冲称象的课文插图，要求学生用当天所学的物理知识解释曹冲称象的原理。《曹冲称象》是小学语文中的一篇课文，在小学阶段学生并不清楚其中涉及的原理。现在学生们具备了较好的思维方法，相应的物理知识储备，这个时候要求他们来解释，时机是恰当的。曹冲称象与下面这个例子的物理原理是一样的：塑料盒子在水面上漂浮，在里面分别放置物体 A 和物体 B，塑料盒子仍然漂浮，塑料盒子排开的水量是一样的，物体 A 和物体 B 的质量有什么关系？但是从课堂氛围来看，曹冲称象要远远好于后者。这种来自中国古书中的传统故事，让学生们的民族文化自信有所增加，在用物理视角解释原理的过程中，学生的学科跨界意识与素养得到了良好的培养，解决物理问题不再停留在题目中，不再停留在呆板的物体 A 和物体 B 中，而是藏在各种各样的生活案例中。这样的学科与学科之间的无缝对接需要物理教师在众多的例子中去精心地挑选、用心地处理。

当然，在跨界资源与素材的选取上一定要注意收放有度，不管怎么选，都要为物理教学服务，都要符合课堂教学。跨界资源用得好将会成为课堂的亮点，但是如果跨界资源在课堂的位置放得不准，即使跨界资源与该学科的相关度非常高，也不是好的跨界资源，弄不好就有可能画蛇添足。

第十五节　多样实验

物理实验是根据一定的研究目的，运用科学仪器、设备，人为地创造、控制或纯化某些物理过程，使之按预期的进程发展，同时在尽可能减少干扰的情况下进行定性地或定量地观察和研究，以探求物理现象、物理过程变化规律的一种科学活动，也是检验物理学理论正确与否的标准。实验不仅是物理学研究的基础，也是物理学教学的重要手段之一，还是中学物理教学的重要内容，更是实施素质教育极其重要的环节之一。[27]物理是一门以实验为基础的学科，所有的物理概念与规律的建构与获得都需要通过实验来完成。在初中物理实验教学中，实验的形式、类别是多种多样的。下面，我从教材实验的使用、实验的简易创新、实验视频的合理运用三个方面来对实验教学进行交流与分享。

1. 教材实验是基础

无论是"双基目标""三维目标"，还是"核心素养"的时代，教材的重要地位是不可撼动的。在教学中，对于教材中的实验我是非常重视的，教材实验是所有初中物理实验的基础。实验的规范化要从教材实验入手，而教材实验的类别与形式可以灵活多变地使用与创造。按照实验类别，教材实验主要分为演示实验和分组实验。在演示实验和分组实验的设计与组织形式上应该充分考虑校情和学情，不管是分组实验还是演示实验，实验的有效性才是最关键的。

以《8.1 牛顿第一定律》中的"探究阻力对物体运动的影响"实验为例来谈谈教材实验的设计与组织。这个实验在教材上标识的是"演示"，根据我所在的学校的学情，我把这个实验由"演示"改为"分组"，从教学效果上来看，实验教学达到了之前所预设的目标。

首先我简单演示了小车从斜面上滑下的情况，接着设计下面三个问题：①让小车从斜面滑下，观察小车会有什么现象发生。②小车在水平面上为什么会停下来？③运动小车如果在水平面突然不受阻力作用将会怎样运动？这些问题的设置是让学生对实验有一个初步感知，为接下来深度完成实验埋下伏笔。

接下来我提供实验器材（小车、斜面、棉布、毛巾、木板），要求学生自行完成探究实验。实验后我又与学生交流下面四个问题：①你是如何改变阻力大小的？（通过改变水平面的粗糙程度来改变阻力的大小）②你是观察什么来判断阻力对小车运动的影响？这是哪种研究问题的方法？（观察小车在阻力不同的平面上运动距离的长短从而判断阻力对小球运动的影响，转换法）③实验中还需要注意什么？

（让同一小车从同一斜面的同一高度自由滑下，使小车以相同的初速度在阻力不同的水平面上运动）④我们在这个设计上主要用到了什么实验方法？（控制变量法）完成实验后，95%的学生都能准确地得到如表2-4所示的实验现象。

表2-4 实验现象

实验次数	表面材料	阻力大小	滑行距离
1	毛巾	最大	短
2	棉布	较大	较长
3	木板	小	最长

最后，引导学生得出结论：

分析表中的内容可知：水平面越光滑，小车受到的阻力就越_____，小车前进的距离就越_____。

推理：如果运动的物体不受阻力，它将_____。

通过实际课堂生成来看，学生们自己能够独立完成这个实验，并且在学案的引导下能够得到实验结论。

回过头来看，这个实验由演示改为分组是可以的，主要原因有两个：第一，大量的前期思维、方法的准备，加上八年级上学期一个学期的学习，学生已经具备了这样的实验能力；第二，教师设置的问题梯度明显、层次清晰。我不主张在初中物理课堂实验中无止境无限制地创新，还是要先抓住教材，先把教材实验吃透，再去创新。

2. 简易创造是常态

目前的一线教师，教学压力是较大的，工作负荷也是较重的，如果让一线教师花很多时间与精力去创新，是极其不现实的。我主张在教学中简易创造，就是利用身边的简单生活物品、实验室的常见器材进行另类组合。

证明"物体间力的作用是相互的"，教材上的实验是人穿着旱冰鞋推墙和两个同名磁极的排斥。通过教学实践我发现，学生对于旱冰鞋的实例理解有可能出现

"人先推墙、墙后推人"的错误，而同名磁极的排斥，学生对磁场、磁极的理解还不是很深。基于此，我找寻一种能够充分展现"物体间力的作用是相互的"的物理规律，又要考虑学生的思维和能力基础，特别是学生的理解水平，所以在这里我设计了钢锯条和弹簧互相拉伸的小实验。钢锯条在生活中是常见的，弹簧在实验室里是常用的。在实验中，学生可以看到在两个物体拉伸的过程中，钢锯条变弯曲，弹簧被拉长。这个实验能够较好地展现相互作用力的"同时性"。在二力平衡教学完成后，为了证明一对相互作用力大小相等、方向相反、在同一条直线上，我又设计了两个弹簧测力计在同一水平方向互相拉伸的小实验。在这个简易的实验中，学生很容易就掌握了这个知识点，而且印象深刻，记忆牢靠。

我国著名物理教育家朱正元教授提出"坛坛罐罐当仪器，拼拼凑凑做实验"的主张，我是深表认同的。简易的创造，不简单的效果，老师既减轻了自己的负担，又能体现自己物理教学的深厚功底，何乐而不为？

3. 实验视频是辅助

在大多数情况下，物理实验是能够完成的。但有的时候，由于器材不齐全、实验安全性、实验在课堂中的可操作性等原因，实验无法实现，这时候可以适当补充实验视频。

在测量大气压的实验中，我通常会准备两个实验视频，一个是用水银完成托里拆利实验的视频，另外一个是用水完成托里拆利实验的视频。水银是一种有毒的重金属，本身是一种液态物质，具有一定的挥发性，如果暴露在空气中，人体吸入后气道会受到损害，所以不宜用它做现场实验。而用水完成托里拆利实验需要用视频演示是因为，需要接近 11 m 高的水柱，器材不好准备。首先播放用水银完成托里拆利实验的视频，让学生直观感受到，在标准大气压环境下，760 mm 高的水银柱的压强大小就等于 1 个标准大气压的大小。然后我会引导学生计算：1 个标准大气压能够支持多高的水柱。学生通过计算发现，1 个标准大气压大约能够支持10.336 m高的水柱。接着，播放用水完成托里拆利实验的视频，学生惊奇地发现水柱的高度和他们计算的高度几乎一样。这两个实验视频，很好地帮助学生理解了托里拆利实验的原理、过程、方法，学生举一反三的思维能力也得到了培养。

教师在课堂设计中要调用一切可以调用的资源来达成学生学透弄懂的目的。学透弄懂物理概念与规律必须依托实验，当实验无法进行或者需要把实验过程放大、变慢时，就需要借助实验视频辅助教学了。当然，在实验视频素材的选择、插入课堂的时机上，教师必须反复斟酌、反复尝试，将教学资源的配置做到最优化，只有这样方能保证课堂教学质量的高效、高质、高能。

第十六节　教材为根

教材的权威性是毋庸置疑的。教材凝聚了编者的智慧、心血，是最重要的教学资源，是教师组织教和学生学的重要依托，是实现课程目标，发展学生能力，落实学生学科素养培养的重要载体。[28] 在课堂教学设计中，教材的运用是非常重要的。我的理解是教材是我们课堂设计的根，只有抓住教材，我们在备课时才能聚焦物理概念与规律，在教学中才能达到"形散而神不散"。下面我从紧扣课程标准、课堂、学生三个方面来分享我对教材为根的理解。

1. 紧扣课程标准，解读教材有依据

下面我以《15.3 串联和并联》一课为例来谈谈紧扣课程标准解读教材的路径。

《义务教育物理课程标准（2011）年版》对该节课的要求如下：

（1）会看、会画简单的电路图；

（2）会连简单的串联和并联电路；

（3）说出生产、生活中采用简单串联或并联电路的实例。

《初中物理学业评价标准（实验稿）》对该节课的要求如下：

（1）会识别、会画简单的电路图。

①能根据实物电路准确画出常见的电路符号，能识别电路的各组成部分及其

作用；

②会根据简单的实际电路画出电路图，会根据文字叙述的要求画出电路图。

（2）能连接简单的串联电路和并联电路。

①能根据电路图连接简单的实物电路；

②能根据文字要求连接简单的实物电路。

（3）能说出生活、生产中采用简单串联或并联电路的实例。

①能列举生活、生产中采用简单串联电路的实例。

②能列举生活、生产中采用简单并联电路的实例。

有了以上两个标准的引导，在《15.3 串联和并联》的教学中，对于教材的解读我是这样来体现的。首先我展示了如图 2-40 所示的家乡的两幅夜景图片，左边的一副是有关并联电路的，右边的一副是有关串联电路的。这个是对照课程标准中"说出生产、生活中采用简单串联或并联电路的实例"来选的素材，起到抛砖引玉的作用。

(a)   (b)

图 2-40　串联电路和并联电路实例

然后，我要求学生利用如图 2-41 所示器材连接成图中所要求的电路。接着引导学生利用串联和并联两种方式来连接电路（图 2-42）。最后引导学生画出电路图，并归纳总结串联、并联电路特点。这个是对照课程标准中"会看、会画简单的电路图；会连简单的串联和并联电路"。

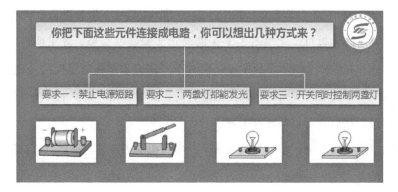

图 2-41 设计电路

在解读教材的过程中，我是在课程标准的指导下，带着自己对于教材的理解与思考来进行教学设计的。我觉得，要想当好一名初中物理教师，就要利用课程标准把教材读明白读通透，虽然这个要求是比较高的，但是在一次又一次的研读教材过程中，教者对于教材会不断有新的理解与思考，带着这样的理解与思考去备课，教学会变得越来越得心应手。

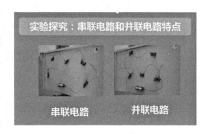

图 2-42 两种连接方式

2. 紧扣课堂，把握教材有节奏

在课堂教学中，课堂的生成是当今新课改理念非常看重的，而在课堂的生成中，对于教材的把握是很重要的，特别是对于教材中的重点与难点的把握。下面以我自己所上的《3.3 汽化与液化》一课为例，来谈谈在课堂中如何合理利用教材来生成较为理想的物理课堂，如何把握教材的重点与难点。

《3.3 汽化与液化》一课的教学重点：通过探究实验，培养学生观察实验能力、分析概括和表达能力。本堂课教学难点：指导学生通过对实验的观察、分析概括和表述，总结出沸腾的特点，并对生活中蒸发现象进行观察、分析得出影响蒸发快慢的因素。

　　教材中有酒精汽化和液化演示实验（教材图 3.3-1），学生实验"探究水沸腾时温度变化的特点"（教材图 3.3-2），还有第 60 页的"想想做做"酒精蒸发实验。通过反复阅读教材，觉得图 3.3-1 的演示实验器材简单、效果明显、直观性强，所以我就在课堂上演示了此实验。而对于"探究水沸腾时温度的变化的特点"实验，在组织学生完成实验前，我把实验目的、实验过程、实验中要注意的事项给学生讲清楚，然后学生们都是自主完成的。

　　在这堂课的生成中，教材为我明确了方向，指明了重点与难点，教材的作用是无法替代的。在学生参与的本堂课的各种活动中，学生始终是学习的主体，学生在完成教材的实验中达到物理观念的形成、科学思维的提高、科学探究的责任与品质的塑造。依托教材上的实验，实现了课堂生成的节奏感，实现了多维教学目标的达成，实现了教材内容融入课堂、融入教学活动。

　　在当今主张有效课堂、高效课堂的环境下，如何去处理教材，如何把教材有机地与课堂互相渗透、深度融合，是我们每个教师要勇于探究的。这个过程很漫长，也很曲折，需要我们每个教师坚持学习，多一些耐心，少一些浮躁。

　　3. 紧扣学生，用好教材有策略

　　在教材的使用中，学生才是真正的使用者与受益者。之前是学生在教师的带领下来完成教材的解读，"核心素养"时代下教师更多的使命与任务则是引导学生学会科学地、高效地使用教材，学会去理解教材，学会用教材上的知识、方法去解决生活中的问题，更理想的境界是能提出更多的物理学科方面的"为什么"。要求初中生达到完全自己独立解读物理教材的程度，这是不现实的，更是不负责任的。我的理解是在初中阶段，要在教学中根据学情的特点适时引导学生来完成教材的阅读、理解、应用。下面我以《14.1 热机》一节为例，来谈谈如何引导学生学会使用教材。

　　《14.1 热机》一节属于典型的应用章节，在这一节的课堂设计中，我首先要求学生阅读教材，而且要学生带着几个问题去阅读：什么叫热机，其实质是什么？什么叫内燃机？内燃机分为哪两大类？汽油机和柴油机有哪些异同？这几个问题的设置是紧跟教材的，也是紧扣学生知识水平和思维水平的。当然，学生要完全回答这些问题，需要精读本节教材内容，甚至需要重新温习前面章节。在学生反复阅读教材，仍然不能很好回答这些问题时，我就适时地拿出我做好的表格或者思维导图引导学生去教材中找答案。例如，对于"汽油机和柴油机有哪些异同"这个问题，我就做了表2-5所示表格（展示给学生的是还没有填好的）。学生一看表格，思路就清晰了，阅读教材更有感觉了。对于九年级的学生而言，经过义务教育阶段各个学科的学习已经具备了良好的分类思考能力和对新旧知识进行梳理与衔接的能力。这个时候，结合教材内容，让学生完成类似的表格，应该是"跳一跳来摘桃子"的高度。

表2-5　汽油机和柴油机的异同

		汽油机	柴油机
构造	相同	（汽缸、活塞、连杆、曲轴、进气门、排气门、飞轮）	
	不同	（火花塞）	（喷油嘴）
燃料	不同	（汽油）	（柴油）
一个工作循环	吸气冲程 相同	（进气门打开，排气门关闭）	
	吸气冲程 不同	（吸入汽油和空气的混合物）	（只吸入空气）
	压缩冲程 相同	（机械能→内能，两个气门均关闭）	
	压缩冲程 不同	（燃料混合物被压缩，压强增大，温度升高）	空气被压缩得更小，压强更大，温度更高）
	做功冲程 相同	（内能→机械能，两个气门均关闭）	
	做功冲程 不同	［点燃式（火花塞点火）	［压燃式（柴油遇到高温高压的热空气燃烧）］
	排气冲程 相同	（进气门关闭，排气门打开排出废气）	
	排气冲程 相同	（一个工作过程中，包含四个冲程，曲轴和飞轮转两周，对外做功一次）	
主要特点	不同	（轻巧、效率较低）	（笨重、效率较高）
适用范围	不同	（小汽车等）	（载重汽车、坦克等）

教材是很好的资源，教材的巧妙使用在于与学情的融合度，融合得越自然，学生们收获得越多。这种融合成为一种习惯，长期坚持，会让学生们在教材的使用中

除了收获教材之内的知识与能力外，还会收获教材之外的终身受用的方法、习惯、兴趣、品质，这恰恰是当今"核心素养"时代所期待的、所倡导的新理念与新做法。

第十七节　概念内化

爱因斯坦说过："物理概念是人类心智的自由创造，而不是由外部世界唯一决定的，不管它看起来多么像是那样。"物理概念是客观事物的物理共同属性和本质特征在人们头脑中的反映，是物理事物的抽象。学生学习物理概念的意义，就是通过运用合理的信息加工方式对现象信息进行逻辑加工，从而习得物理概念的本质特征和概念间的因果联系。[29]在以物理概念为核心的初中物理教学中，如何帮助学生来感知概念、生成概念是我们初中物理教师重点要考虑的。只有帮助学生科学地、系统地感知、生成概念，才能较好地实现概念内化的高阶教学目标。

1. 概念初步感知应贴切

对物理概念的初步感知对于学生而言是非常重要的，如果在概念的初步感知过程中，接收到的信息是错误的，所用的例子是不准确的，就会给学生带来认知上的偏差。在案例的选择环节一定要围绕所要学习的物理概念与规律来进行素材、资源的挑选，不能为了例子而例子。在现行的课程理念下，素材嵌入课堂中要不留痕迹，要和自己的教学设计、课堂预设融为一体。

在《12.1 杠杆》一课中，为了让学生对杠杆有初步认识，我要学生体验了生活中的几种杠杆（图2-43）：杆秤（不等臂杠杆）、天平（等臂杠杆）、镊子（费力杠杆）、起钉器（省力杠杆）。选择的这几种杠杆是非常贴切的，学生的体验也是真实的。当时我选择的时候既考虑等臂杠杆和不等臂杠杆，又考虑了省力杠杆和费力杠杆，这为后面杠杆分类的教学也埋下了伏笔。

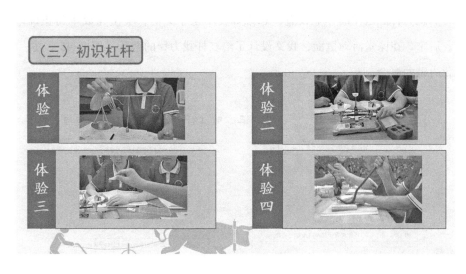

图 2-43　初识杠杆

物理概念的教学要善于利用生活中的物理现象。在教学中，如果概念引入是生动的、贴切的，那么学生后续对概念的建立和概念的运用就会游刃有余。概念的初步感知贴切了，学生们的兴趣就起来了；学生们的兴趣起来了，思维就活跃了；思维活跃了，物理概念的建构就会科学、规范、严谨了；物理概念科学、规范、严谨了，概念的内化就踏好了第一步。长期这样，无论是多么复杂、抽象的物理概念，学生都会将其转化成他们自己的认知。这样的物理概念建构是有效的，更是高效的。

2. 概念逐渐生成要正确

在初步感知概念后，就要帮助学生生成正确的概念了，这个环节比初步感知环节要求更高，特别是对于学生的思维能力和思维方法要求是较高的，这就需要教师在环节设计、素材组合等方面想一些办法。

在《12.1 杠杆》一课中，力臂的概念与杠杆平衡条件是教学难点，对这两个难点突破的过程实际上就是概念的生成过程。首先谈谈力臂的概念生成。学生之前进行了预习，知道了"力臂是支点到力的作用线的距离"，但是对力臂概念的理解还是处在半梦半醒状态，所以我就设计了图 2-44 所示的作业，只要求学生画出动力臂和阻力臂。这样的作业设置，思维梯度不至于太陡，学生完成率与正确率较高。后来，在课堂活动里面，我又设计了给杠杆找力臂的游戏（图2-45），进一步强化力臂的概念。

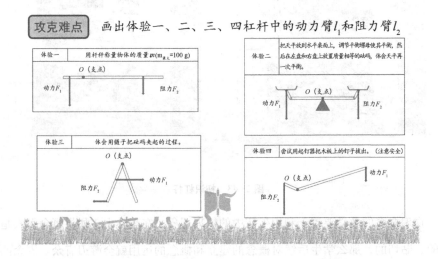

图 2-44　画出力臂

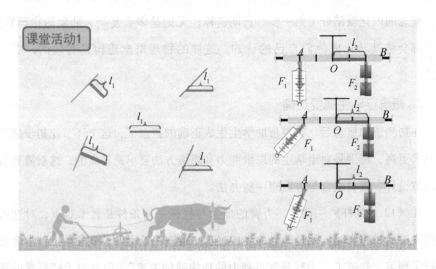

图 2-45　找力臂游戏

对于难点"杠杆平衡条件"的教学，我设置了"探究杠杆平衡条件"实验（图2-46）。这个实验看似简单，但是要做到位、较为迅速地把实验结论归纳总结出来还是要下一番功夫的。图2-46所陈述的操作细节都是为了引导学生独立、自主、科学地完成这个实验。尽管之前有了大量的实验准备，但是学生在实验中还是出现了这样或者那样的问题。有的学生在实验过程中，杠杆朝一侧倾斜且静止不动时，他们就认为杠杆平衡了；还有的学生在力臂的测量与读取中，厘米与米的换算不到位。在暴露问题的过程中，学生互相评价、互相点评、互相分析，慢慢地就能较好地归纳总结出杠杆平衡条件。这个实验过程的生成不是实验视频能够替代的，更不是教师讲述能够替代的。

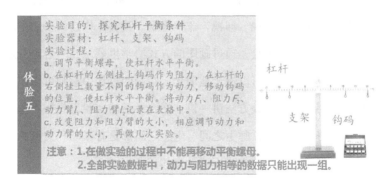

图2-46 "探究杠杆平衡条件"实验

第十八节 应用图形

图形法即是在对物理现象或过程分析的基础上，运用相关的物理规律，确定变量之间的函数关系，作函数图像，再根据图像的物理意义讨论和解决问题。在一些实际问题中，如果某物理量的变化情况不易把握，可以借助图像，先搞清与其相关的物理量的规律，再进行迁移。由于用图形法来表示物理规律往往比公式法形象、直观，所以用图形法求解物理题有时能达到简解、巧解物理题的目的。[30]下面我从实验探究、思维提升、概念梳理三个方面谈谈我在物理教学中应用图形的一些实践与反思。

1. 助力实验探究

在引导学生进行实验探究时，我常常用图形的方式来表达实验过程与方法，让学生非常清晰地知道实验怎么设计，怎样完成。

例如，利用量筒和水测量不规则固体（固体材料不溶于水）的体积，一般会用到排水法、针压法、沉重法等，这个时候，我们就可以用图形的方式来展示这三种方法（图2-47）。再例如，量筒的正确读数（图2-48），用图形的方式来表达，学生一看便知什么是俯视、平视、仰视，非常直观。其实，像这两个例子的简单图形，教师可以直接在黑板上手绘，通过画图的方式给学生展示，一边画一边讲，学生有思考时间，有思考过程，可以慢慢地消化。在画的过程中教师可以把想要表达的重点说一说，把要传递的实验方法讲一讲，把要渗透的实验思想捋一捋。在说一说、讲一讲、捋一捋的过程中，师生之间、生生之间都是有互动和交流的，这种画图的表达形式是独特的，是其他方式不可替代的。

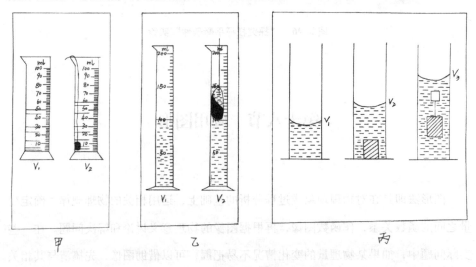

甲　　　　　　　乙　　　　　　　丙

图2-47　测量不规则固体的体积

有了图的参与，呆板的物理概念、枯燥的物理实验就会灵动起来。从实验设计到实验过程，从实验数据到实验结论，有了图的表达，实验探究目的更加清晰，实验探究过程更加聚焦，实验探究结论更加严谨。

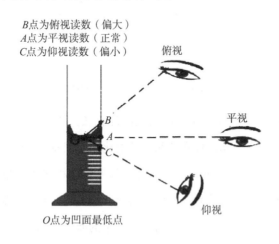

*B*点为俯视读数（偏大）
*A*点为平视读数（正常）
*C*点为仰视读数（偏小）

俯视

平视

仰视

*O*点为凹面最低点

图2-48　量筒读数

2. 助力思维提升

在探究物体运动快慢时，我们经常要用到图 2-49 所示的 s-t、v-t 图像。图2-49（a）表达物体在 t 时间内运动的路程不变，物体在 t 时间内静止；图 2-49（b）表达物体的运动路程与运动时间成正比，物体正在做匀速直线运动；图 2-49（c）是在高中阶段要重点研究的匀加速直线运动；图 2-49（d）表达的是在 t 时间内物体的速度不变，即物体在做匀速直线运动。学生在学习物体运动的快慢的时候正处于物理的初学阶段，他们都会自然地代入之前在小学数学里面学过的路程、时间、速度等知识，这个时候老师用图像进行引导是非常重要的。匀速直线运动在初中阶段的定义是"物体沿着直线且速度不变的运动"。匀速直线运动是最简单的机械运动，它是研究其他复杂运动的基础。但是，匀速直线运动在日常生活中并不常见，利用图像帮助学生理解匀速直线运动成了最好的选择。

在探究晶体和非晶体的熔化和凝固时，我们也要用到温度-时间图像（图2-50）。把晶体和非晶体物质随着时间的推移其温度的变化用图像表达出来，让学生

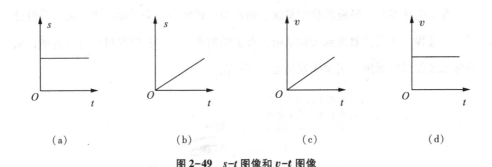

(a) (b) (c) (d)

图 2-49 $s\text{-}t$ 图像和 $v\text{-}t$ 图像

可以从整体上去把握晶体和非晶体在熔化和凝固上的相同与不同。如果单单只有实验数据和文字来归纳和总结晶体和非晶体的熔化、凝固特点，学生理解起来可能会感觉比较抽象。有了图像的加入，学生理解起来就轻松多了，思路清晰、层次分明，脑中一下就形成了对晶体和非晶体在熔化与凝固的异同的印象。在这里，学生将物理思维转化为图像和将图像转化为物理思维的能力得到了提升。

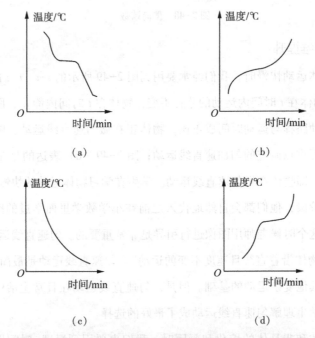

(a) (b)

(c) (d)

图 2-50 晶体和非晶体的熔化和凝固时的温度-时间图像

这里我们虽然探讨的是在物理教学中图像的应用，思维的培养，但是物理量之间的逻辑关系是必须渗透在其中的。我们用图像来辅助物理概念、规律的研究是离不开物理量之间的逻辑关系的，只有逻辑关系清晰了，才能用图像准确表达，学生的思维才会清晰，学生的思维能力才会不断得到提升。

3. 助力概念梳理

物理概念的梳理需要用到思维导图。思维导图是表达发散性思维的有效图形思维工具，它简单却又很有效。在物理概念的整理上，适度地使用思维导图，对于学生理解概念、内化概念有很重要的作用，对于学生科学学习、深度学习有着长效的影响。

在初中物理里面，我不建议思维导图过于烦琐，还是要遵循简单、直接、清晰的原则。一直以来，我主张深度备课，特别是"双减"政策出台以后，对于教师备课的要求越来越高。我个人理解，双减的本质就是"减负不减质"，这个时候思维导图就能起到事半功倍的效果。

当然，思维导图也要与课堂内容相契合，与学生的思维水平、思考能力相吻合，这是非常关键的。在单元复习、中考复习中，可以引导学生完成每个单元的思维导图来帮助学生梳理概念，但是所提的要求与标准不建议过高，建议分层提要求。在布置学生设计思维导图时，目的要明确，要求学生整合和梳理内容，不能照抄照搬，一定要融入自己对物理概念、规律的思考，这是非常重要的。在思考创造的过程中，学生对于概念的理解会更深，然后通过显性的思维导图表达出来，日积月累，学生这方面的能力会提升得越来越快，而且这个能力的培养学生是终身受益的。

物理概念与规律的梳理对于学生而言，是教材的延伸，对于教师而言，是备课能力的延展，而思维导图对于物理概念与规律的梳理是一种非常实用的工具。将物理概念与规律用可视化的方式系统地展现，训练学生用单元化、系统化的视角来认知与消化物理概念与规律。在当今这个强调终身学习的时代，我认为，掌握一种方法比掌握知识本身更重要。

第三章

发展学生核心素养的经典案例

第一节　《流体的压强与流速的关系》新授课[①]

一、教学理念

随着新课改的推进，各级教育机构越来越重视课程资源的开发与利用。作为一名长期工作在农村中学教学一线的物理教师，我通过设计多堂省、市、县的比武课，尝试了对课程资源做一些开发与利用，体会到在对课程资源开发时，应拓宽视野，从多角度、多层面、多方位对课程资源进行开发和利用，打破把教材作为唯一课程资源的局限，合理构建课程资源的结构和功能，才能有助于教材的拓展、升华，有助于知识点的整合，有助于培养学生的物理思维和实验探究能力，才能更好地落实新课标，让我们教者有效实现从教书型、体验型教师到研究型、创新型教师

---

① 本堂课获得了石门县第三届新课改比武一等奖，石门县物理创新实验一等奖，并被石门县教研室指定为 2007 年新课改经验交流会唯一的一堂观摩课，以第一名的成绩被评为常德市物理青年骨干教师培训班说课比赛一等奖。

的转变。

在这种课程资源的整合与拓展中，需要教师对教材进行多维度的解读与挖掘，在对有关教材的解读与挖掘中，教师会对教材的编排、内容的设置、内容的运用等有自己的理解与思考。随着教龄的增长，这种理解与思考能力会让教师的业务能力循序渐进地呈螺旋式上升，而且这种发展带给教师的是一种良性的向上发展。教师能够长期坚持对课程资源的深度挖掘，在其教学理念、教学语言、教学行为上会无痕地展露出来，带给学生的将是优秀的物理思维与方法，在其课堂的熏陶下，学生的物理兴趣、物理学习习惯、物理思维会有水滴石穿的效果。叶圣陶先生说过："教育是农业而不是工业。"初中物理教学的核心目的就是培养学生学习物理的兴趣和习惯，使其初步具有物理思维。物理兴趣、物理思维、物理学习习惯的培养都是长线地、全方位地渗透在每堂课中，需要教师在备课、挖掘课程资源时有这样一种理念和意识，只有教师在挖掘中提升了自我的综合素质才有可能让学生的综合素质得到全面提升。无论是教师的专业成长，还是学生的终身发展，在这种教学资源的整合和拓展中，他们的共同成长都像树苗一样，遵循着他们自身的发展规律，需要时间、技巧、智慧、方法……

二、教学目标

知识与技能：知道流体的压强与流速的关系，并会用之解释生活中的相关问题。

过程与方法：让学生经历知识被发现的过程，学会从简单的物理现象中归纳出物理规律，培养学生观察、比较、分析、归纳等学习方法和科学的思维观。

情感态度与价值观：增长学生学习物理的兴趣，培养学生的创新精神，让学生体会科学技术的力量，关注科技的两面性，加强安全教育。

三、教学过程

（一）新课引入

播放龙卷风视频。

引入：在刚才的画面中，为什么龙卷风会轻而易举地掀开房顶呢？让我们一起学习《流体的压强与流速的关系》，就可以揭开这个谜底。

（二）新课教学

1. 伯努利原理

（1）液体压强与流速的关系

教师演示实验——伯努利实验。

老师：同学们，请先看一个实验，如图3-1所示，我打开阀门A，关闭阀门B，让红色的水流入管径粗细不同的透明塑料管，请注意观察三支小竖管中C、D、E水柱的高度。你观察到什么？

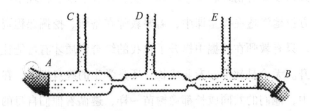

图3-1　教师演示实验

学生：C、D、E中水柱高度一样。

老师：请看如果我打开阀门B，可以看到什么现象？

学生：水从B处流出。

老师：这时请看C、D、E竖管中水柱的高度是否相同。

学生：C、D、E中水柱高度不一样。

老师：认真观察，C、D、E中的水柱高度有什么特点呢？

学生：C中水面最高，D中次之，E中最低。

老师：根据学过的连通器原理，当水不流动时，各容器的液面总保持相平。如今当水流动时，C、D、E管中水柱的高度却不相同，说明水平管中的深度也就不相同。根据液体的压强公式$p = \rho gh$，也就是说各个粗细管中水的压强不相同。同学们猜一猜，想一想：水的压强可能会跟什么有关系呢？

学生：应该与 C、D、E 管底部水的流速有关。

老师：大家仔细观察并利用所学知识分析一下，底部水的流速究竟是怎样影响 C、D、E 中水柱的高度的。

引导学生得出：管子粗的部分水的流速小，水的压强大；管子细的部分水的流速大，水的压强小。

液体流速与压强的关系：流动液体中的压强，流速较大的位置，压强较小；流速较小的位置，压强较大。

（2）气体压强与流速的关系

①老师引导学生类比猜想：既然液体的压强与流速有这样的关系，那么同属于流体的气体也有类似的关系吗？

②老师：请大家以小组为单位设计实验探究，气体的压强与流速是否也有类似的关系。

学生利用教师提供的器材（乒乓球、玻璃棒、白纸、吸管、烧杯、水、剪刀、双面胶、水槽）自行设计实验探究。

老师：哪些同学能上台来给大家展示一下你们小组所设计的实验？同时总结一下你所发现的实验规律。

学生设计实验一（图 3-2）：当用吸管往两个乒乓球中间吹气时，乒乓球不分开，反而会靠拢，这说明两个乒乓球中间空气流速大压强小，乒乓球外面的空气流速小压强大。

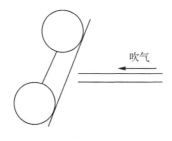

图 3-2　学生设计实验一

学生设计实验二（图3-3）：当向两张纸中间吹气时，两张纸不分开，反而会靠拢，这说明两张纸中间空气流速大压强小，外面的空气流速小压强大。

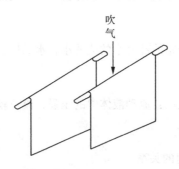

图 3-3　学生设计实验二

学生设计实验三（图3-4）：当通过 B 管向 A 管上方吹气时，瓶中的水通过 A 管喷出，A 管上方空气流速快压强小，瓶中空气流速慢压强大，瓶内的水通过 A 管向压强小的地方移动。

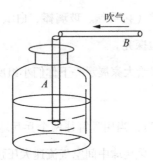

图 3-4　学生设计实验三

学生设计实验四（图3-5）：当用吸管向两只纸船中间吹气时，两只纸船向中间靠拢，这说明两只纸船中间空气流速大压强小，外侧的空气流速小压强大，外侧的空气将两只纸船向压强小的地方压进。

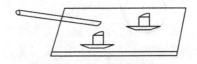

图 3-5　学生设计实验四

学生设计实验五（图3-6）：将纸叠成如图所示，用吸管向内吹气，纸向内合拢，这说明纸内侧空气流速快压强小，纸外侧空气流速慢压强大。

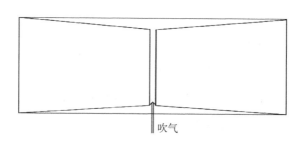

吹气

图3-6 学生设计实验五

学生设计实验六（图略）：将纸卷成筒状，将乒乓球置于上端，从下端吹气，乒乓球不会向上冲，而是在原处打转，这说明乒乓球下方空气流速快压强小，乒乓球上方空气流速慢压强大。

学生设计实验七（图略）：将硬币放在桌子上，用嘴向硬币表面吹气，水平吹，硬币就会从桌子上跳起来。用嘴吹气，硬币表面空气流速加快，空气压强减小，小于硬币底部空气的压强，压强差使硬币跳了起来。

③老师演示自行设计的实验"彩球跳舞"。

老师：给自制的漏斗（用矿泉水大桶的上面部分做成）上方通气，在自制漏斗的下方的彩球没有掉下来，而是在自制漏斗下方跳舞。彩球上方的空气流速快压强小，彩球下方的空气流速慢压强大，上下空气的压强差托住彩球，让彩球不掉下来。

说明：这个实验装置是自制教具，将矿泉水水桶的上端割下来（连桶口），然后将其接在气泵上，通过气泵送出很强的气流。当将彩球置于自制漏斗下面时，彩球不会下落，而是在自制漏斗下面旋转。

④师生共同总结：通过大量的实验，我们发现气体的压强与流速有关，气体在流速大的地方压强小，流速小的地方压强大。

⑤师生共同进一步总结得出：液体和气体统称为流体，流体在流速大的地方压强小，流速小的地方压强大。

向学生介绍著名的伯努利原理，并讲述伯努利的生平简介，进行情感教育。

2. 升力

播放鸟儿在空中飞翔的视频。

老师：鸟儿为什么能在天空中自由飞翔？下面请同学们用电吹风和自制鸟翼模型进行实验，探究鸟翼的升力究竟是怎样产生的。

[在课前经过上十次的改进和实验，最后用泡沫做成鸟翼模型（图3-7），且模型与支架间用吸管连接，从而保证实验直观、成功率高。]

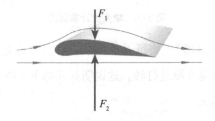

图3-7　鸟翼模型

老师和学生共同总结：鸟翼上方空气流速快，压强小；鸟翼下方空气流速慢，压强大。因此在鸟的上下表面产生了压强差，由于压强差的存在，产生了作用在鸟翼上的向上的升力。

（三）巩固与评价

1. 说一说（观看飞机飞行表演，说一说飞行升力产生原理）

学生：机翼上方空气流速快，压强小；机翼下方空气流速慢，压强大。因此在机翼的上下表面产生了压强差，由于压强差的存在，产生了作用在机翼的向上的升力。

老师：机翼的升力是仿生学的典型运用。仿生学是指人类模仿生物功能，从而发明创造的科学。人们发现了鸟翼升力的产生原理就发明了飞机。

2. 找一找（观看《泰坦尼克号》一段录像，找一找其中科学性错误）

学生：在录像中，一艘小船和一艘大船并排在海中前行，这在实际生活中是不可能的。因为两只船间空气流速快压强小，船的外侧空气流速慢压强大，这种压强差会把两艘船往中间挤压，两艘船会相撞的。

老师：从这里看，《泰坦尼克号》应该使用了多媒体技术。

3. 想一想（观看龙卷风视频，想一想龙卷风为什么能掀开房顶）

学生：房顶上方空气流速快压强小，下方空气流速慢压强大，巨大的压强差会把房顶掀起来。

老师：同学们看到这幅景象能想起我们所学过的一首诗吗？

学生：杜甫《茅屋为秋风所破歌》中的"八月秋高风怒号，卷我屋上三重茅"。

4. 讲一讲（播放"香蕉球"视频，讲一讲"香蕉球"为什么能沿弧线飞行）

老师："香蕉球"为什么会在飞行中拐弯？它蕴含了什么力学原理？这要先从流体的黏滞性说起。我们都有这种体会，当把手伸进水中再拿出来时手的表面会粘上一层水；同理，在空中飞行的足球表面也会附着一层薄薄的空气。当"香蕉球"在空中一边飞行一边自转时，会带动其表面的空气薄层同时旋转，其一侧空气薄层转动的线速度和球的前进速度叠加，使得迎面气流受到较大的阻力；而另一侧情况恰恰相反，自转线速度和前进速度相削弱，从而使球的两侧气流相对球的速度不同。根据伯努利原理可知，相对于足球的平动而言，空气流速大的一侧会形成一个低压区域，而另一侧则形成高压区域（近似认为足球两侧气流高度相同）。足球两侧压力差的净结果是，球受一个从高压区指向低压区的合力（此处没有考虑重力）作用，这个合力使球偏离原直线运动方向，如图 3-8 所示。

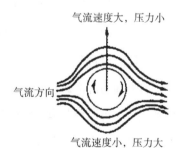

图 3-8　"香蕉球"原理图

5. 做一做（做一做"天女散花"实验）

老师：将洗衣机的排水管一端放在有纸花的容器里，另一端开口向上置于空中，不停地晃动排水管的上半部分，观察有什么现象发生。请一名同学上来做实验。

学生演示实验。

学生：我看到了在晃动排水管的时候，容器里的纸花不停地通过排水管的口飞舞出来，很漂亮。

老师：谁能解释一下原因？

学生：排水管上端空气流速快压强小，下端空气流速慢压强大，上下管口的压强差把纸花从下管口压向上管口。

老师：同学们能给这个实验取个名字吗？

学生：天女散花。

学生：纸花飞舞。

（四）小结

老师：本节课我们学到了什么？

学生：我学到了流体在流速大的地方压强小，流速小的地方压强大。

学生：这节课很有趣，做了很多有关伯努利原理的实验。

学生：我很佩服伯努利的专注精神，我在今后的学习中要向他学习。

学生：我知道了鸟翼与机翼升力产生的原理。

老师：同学们这节课学得很好，希望同学们在今后的学习过程中继续努力。

（五）课后练习

自制简易淋浴器：如图 3-9 所示是一种自制的简易淋浴器，其"混合器"其实就是一个可以调节横截面积大小的"三通"，当凉水从水龙头流经混合器时，热水会自动从热水壶中上升与凉水混合流到喷头洒出。

四、教学总结

1. 深钻教材，整合知识点，拓展知识面

浏览整节教材，发现有硬币跳高实验、吹白纸实验、鸟翼升力原理实验、伯努利原理内容多个知识点。我通过阅读教辅资料、挖掘教材、上网查询，发现本节内容其实都是围绕伯努利原理这一个知识点展开的。而伯努利原理的内容是"流体

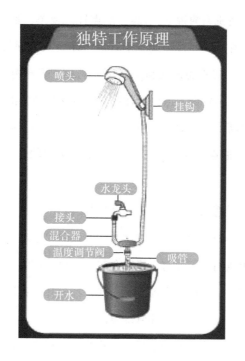

独特工作原理

喷头

挂钩

水龙头

接头

混合器

温度调节阀

吸管

开水

图 3-9 自制简易淋浴器

在流速大的地方压强小，流速小的地方压强大"，学生理解起来很抽象，如何有效地完成教学任务，是我面对的一大难题。我反复阅读教材，发现伯努利原理可以分解成如下两个层次：液体压强与流速的关系，气体的压强与流速的关系。这样分解后，知识梯度可以设置得更合理，学生更易接收，在此基础上再加入伯努利原理的应用——鸟翼升力原理，就顺理成章拓展了学生的知识范围。通过反复设计、反复试讲，教研组共同商讨，我最终是这样设计教学的。先由教师做探究液体的压强与流速的关系实验，由学生自行找出液体的压强与流速的关系。然后做类比猜想，既然液体的压强与流速有这样的关系，那么气体的压强与流速会有类似的关系吗？给学生乒乓球、白纸等近十种器材要求学生进行探究气体的压强与流速的关系的实验，并找出规律。在这里，我适当停顿，要求学生自行总结出流体的压强与流速的关系。伯努利原理探究出来以后，我就顺理成章地抛出来下一个探究点：探究鸟翼升力产生的原理。在这堂课的教学中，除了利用教材上的几个素材外，我还大量采用了课外的素材，如飞机表演视频、《泰坦尼克号》视频、龙卷风视频、"香蕉球"视频等。这些素材，都是我通过阅读《十万个为什么》、上网查询、看电视采集到的，另外"天女散花"实验还是我和我家孩子观看"智慧树"偶然间找到的。我体会到，这样利用非课本资源，虽然老师花费的时间和精力都很多，但高效省时地完成了教学任务，提高了课堂效率，拓展了学生的知识面。课后学生们都说："我们今天饱吃了一顿'伯努利原理'大餐！"听到这样的话，作为教者是非常欣慰的。

2. 紧贴学生，整合能力点，拓展能力群

在课前，通过多年的教学经验，我深知这堂课的教学难度，学生对于压强本来就很难理解，现在让他们把压强与流速结合起来就更难理解，而这堂课书上的探究性实验又因为这个知识难度设计得偏少了一些。经过几次试讲，最终我决定着重讲解探究气体的压强与流速的关系、课堂练习两个环节。

在探究气体的压强与流速的关系环节，我给学生提供了日常生活和实验室简单易找的乒乓球、玻璃棒、白纸、吸管、烧杯、水、剪刀、双面胶、水槽近十种实验器材，让学生自行设计实验进行探究。在这一处我重点培养学生的观察能力、设计创造能力、小组合作能力。通过我的引导，再加上平时对学生探究能力的培养，学生在本节课中设计了上面的实验一到实验七。学生的方案真是精彩、独特、新颖，让我深深地感到学生们的潜力是无限的，只要我们教师循循善诱，找准时机激发，学生的能力就会不断得到提升。

在课堂练习环节，我设计了"说一说"（观看飞机飞行表演，说一说飞行升力产生原理）"找一找"（观看《泰坦尼克号》一段录像，找一找其中科学性错误）"想一想"（观看龙卷风视频，想一想龙卷风为什么能掀开房顶）"讲一讲"（播放"香蕉球"视频，讲一讲"香蕉球"为什么能沿弧线飞行）"做一做"（做一做"天女散花"实验）这五个小环节。在这里我重点体现从生活走向物理，从物理走向生活的中学物理新课程的核心理念，重点培养学生运用物理知识解决生活中的实际问题的能力，有意识地告诉学生知识要活学活用。无论是《泰坦尼克号》中的科学性错误，"香蕉球"为什么能沿弧线飞行，还是"天女散花"的缘由，学生基本上能用简洁、流畅的语言解释，学生们从中体会到成就感，增强了表达能力、逻辑思维能力。在上述学生与课程的接触中，学生们用独有的眼光去理解和体验课程，并创造出鲜活的经验，而这些鲜活的经验又是课程极为重要的组成部分，作为教者也真正体会了学生也是课程资源的根本，教学最终也是为了学生。

3. 提高自我，整合素质点，拓展素质系

本堂课我自制了一些教具，如伯努利管、漏斗、"天女散花"实验装置、鸟翼模型。通过这些教具的制作，大大锻炼了我本人自制教具的能力，提高了我自身的实验素质，加强了我对废旧材料的利用能力。

本堂课的 CAI 课件先后改动多次，我先用 PowerPoint 做了一个，但是课件视频文件太多，用 PowerPoint 演示特别容易死机，所以我又用 flash 做了一个，这样锻炼了我运用多媒体的能力。

整堂课 45 min，我的说话总量大约共有 10 min，还有 35 min 都是学生说、学生做，完成了由跟我学、跟我做的教师讲授型模式向"我要学、我要做"的学生探究型模式转变，提高了我把握教材、设计教学、有效连接知识点的能力，提高了我设计课堂、创新实验，合理调动和开发了学生积极性的综合素质。

五、教学寄语

通过本堂课的教学资源的整合与拓展，我感觉到自己的业务能力与专业素养有了很大的进步与发展。流体的压强与流速是教学中的一个难点，学生通过自己进行实验与观看教学视频，手、脑得到充分的锻炼，而三维教学目标也被悄无声息地融入到课堂中，教师的专业素养和专业能力与学生物理思维和物理技能都得到最大限度的发展。

课堂资源的整合与拓展，对于我们教师的学习能力是个很大的挑战，对于教师的学习品质也要求很高，对于我们从教书型、体验型教师到研究型、创新型教师的有效转变是一种实效性很强的策略。

第二节　《声音的特性》新授课

一、教学理念

本节课围绕乐音的三个特性——音调、响度、音色以及影响它们的主要因素频率、振幅、发声体自身来进行三维目标的教学。在整个教学设计中，我设计了大量的演示实验、在教师的指导下的学生实验、学生需自行设计探究的实验，用体验式教学法让学生全方位来感受乐音的三个特性，从而还原物理教学的本真——一门以实验为基础的科学。

二、教学目标

1. 知识与技能

①了解声音的特性：音调、响度和音色。

②知道乐音的音调跟发声体的振动频率有关，响度跟发声体的振幅有关。

③不同发声体发出乐音的音色不同。

2. 过程与方法

①通过做"音调与频率有关的实验"和"响度与振幅有关的实验"进一步学习用科学探究的方法研究物理问题。

②学习从物理现象和实验中归纳简单的科学规律，尝试应用已知的科学规律解释具体问题。

3. 情感态度与价值观

①乐于探索自然现象和身边的物理原理，乐于参与观察、实验、探究活动。

②有主动与他人合作交流的愿望，敢于发表自己的见解。

③体会现实世界物体的发声是丰富多彩的，从而更加热爱世界，热爱科学。

三、学情分析

学生本学期刚刚接触物理学科，学生的物理思维才刚起步，所以学生的学习兴趣和习惯的培养是我们教师关注的重点。物理课所渗透的思维——深度思考、分析能力，所渗透的习惯——认真、细心，所渗透的情感——抗挫与合作能力，是我们在教学中需要循序渐进地培养与锻炼学生的。

四、重点、难点

重点：研究乐音的音调和响度各与什么因素有关。

难点：感知乐音的音色，理解音色取决于发声体本身。

五、教具、学具

教具：示波器、动圈式话筒、插座、音频不同的音叉两个，细绳、乒乓球、铁架台、鼓、纸团。

学具：钢尺、梳子、硬纸片、各种发声小玩具。

六、教学过程

（一）引入新课

欣赏歌曲《请喝一碗石门茶》。

老师：同学们听了有怎样的感受？

学生：动听。

老师：这首美妙动听的歌曲是由我们石门人作词、作曲、演唱的，音乐人之所以能用音乐表现出石门茶文化的美，是因为他们准确地掌握并运用了声音的特性。声音究竟有什么特性？今天我们来学习《声音的特性》。

（二）新课教学

1. 实践与讨论

现场制造不同的声音，联系刚才的 MTV《请喝一碗石门茶》，尝试用不同的形容词来描述声音的不同。

（学生描述，教师有选择地归纳。）

2. 猜想

声音可能会有一些什么特性？

3. 音调

（1）播放随州编钟现场演奏的视频

听一听，想一想：用同样大小的力敲击大小不同的钟所发出声音的什么特征不一样？（声音的高低）

（2）探究什么因素决定了声音的高低

探究实验一：将一把钢尺紧按在桌面上，一端伸出桌边，拨动钢尺，听它振动发出的声音，同时注意钢尺振动的快慢。改变钢尺伸出桌边的长度，再次拨动。注意使钢尺两次振动幅度大致相同。比较两种情况下钢尺振动的快慢和发声的音调。

探究实验二：用大小相同的力将硬纸片慢慢划过梳子齿，听它振动发出的声音；再快速划过，听听它振动发出的声音；比较两种情况下物体振动的快慢与发声的高低。

（3）学生总结

物体振动得快，发出的音调就高；物体振动得慢，发出的音调就低。

（4）小结

①音调：声音的高低。

②频率：表示物体在每秒内振动的次数。单位：赫兹，简称为赫，符号为 Hz。

③音调的高低与发声物体的振动频率有关。振动频率越大，发出的声音音调越高；振动频率越小，发出的声音音调越低。

（5）演示实验

把音叉发出的声音信号输入示波器，观察声音的波形。换一个不同频率的音叉做实验，边听边分析它们的波形有何不同。

（6）播放视频（蝴蝶飞行，蜜蜂飞行）

思考：一只蜜蜂从你耳旁飞过，你能听到它翅膀振动所发出的声音。可是一只蝴蝶飞过你的耳旁时，你却听不见，这是为什么？

提示：蝴蝶翅膀振动频率小于 10 Hz，而蜜蜂的翅膀振动频率为 200 Hz。

展示教材 34 页的小资料：人和一些动物的发声和听觉的频率范围。

解释超声波和次声波：大多数人能够听到的频率范围是 20 Hz 到 20000 Hz，人们把高于 20000 Hz 的声音叫做超声波，把低于 20 Hz 的声音叫做次声波。

4. 响度

（1）拍一拍，想一想

轻拍手与重拍手发出的声音的强弱不一样，什么因素会影响声音的强弱？

（2）探究什么因素决定响度的大小

老师：联系上一节课，用音叉、乒乓球、鼓、纸团设计实验探究决定响度大小的因素主要是什么。

探究实验一：轻敲音叉，将系在细绳上的乒乓球轻触正在发声的音叉，观察乒乓球被弹开的幅度，重敲同一个音叉发出不同响度的声音，重做上面的实验。

探究实验二：轻敲鼓面与重敲同一鼓面，观察鼓面上的纸团跳动的高度。

（3）学生总结

物体振幅越大，声音的响度越大；物体振幅越小，声音的响度越小。

（4）演示实验

分别轻敲、重敲同一个音叉，将发出的声音信号输入示波器，观察声音的波形，分析它们的波形有何不同。

（5）小结

①响度：声音的强弱。

②响度的大小与物体的振幅有关，振幅越大，声音的响度越大，振幅越小，声

音的响度越小。

③物理学中用振幅来描述物体振动的幅度。

④响度的大小还与距离声源的远近有关。距离声源越近，声音越响，距离声源越远，声音越小。

5. 音色

（1）做一做，想一想

请大家闭上眼睛，老师随机暗示某同学大声说：大家好！大家猜猜他（她）是谁。

老师：大家能够快速地辨别出某个同学的声音，都是因为声音的音色不同。

（2）听一听，看一看

老师：请听不同乐器发生的 C 调 1（do），比较一下它们的波形。

学生：音叉、钢琴、长笛频率相同，音色不同，波形不同。不同发声体的材料、结构不同，发出声音的音色就不同。

（三）新课小结

声音的三大特性如表 3-1 所示。

表 3-1   声音的三大特性

	定义	决定因素	听感表现
音调	声音的高低	由声源的振动频率决定	音调高，声音清脆；音调低，声音粗犷
响度	声音的强弱	由声源的振动幅度决定	响度大，震耳欲聋；响度小，轻声耳语
音色	对声音音质的感觉	不同发声体的材料、结构不同，发出声音的音色就不同	分辨出不同发声体发出的声音的重要特征

（四）作业

教材 37 页第 2、3 题。

（五）随堂练习

1. 发声体在 1 s 内振动的次数叫做_____。

2. 音调是由发声体振动的_____决定的。_____音调越高；_____音调越低。

3. 响度跟发声体的_____有关系，_____，响度越大；_____，响度越小。响度还跟_____有关系。

4. 开大收音机的音量旋钮是为了

A. 增大声音的响度

B. 提高声音的音调

C. 改善声音的音色

D. 减小噪声

5. 比较牛和蚊子的叫声，_____的叫声音调高，_____的叫声响度大。

6. 人的听觉范围是_____。超声波是指频率高于_____Hz 的声音；次声波是指频率低于_____Hz 的声音。

7. 男低音歌手独唱时由女高音歌手轻声伴唱，下面对二人声音的描述正确的是（　　）

A. "男声"音调低、响度小；"女声"音调高、响度大

B. "男声"音调高、响度大；女声音调低、响度小

C. "男声"音调高、响度小；女声音调低、响度大

D. "男声"音调低、响度大；"女声"音调高、响度小

8. 医生用听诊器诊病是因为（　　）

A. 听诊器能使振动的振幅增加，响度增大

B. 听诊器能提高发声体的频率，使音调变高

C. 听诊器能减小声音的分散，使传入人耳的响度更大些

D. 听诊器能缩短听者和发声体间的距离，使传入人耳的响度更大些

9. "闻其声而辨其人"，最重要是因为各人声音的（　　）

A. 音量不同

B. 音调不同

C. 音色不同

D. 响度不同

七、教学总结

1. 教学设计由浅入深， 不断挑起求知欲

物理课程标准的总目标是：保持对自然界的好奇，发展对科学的探索兴趣，在了解和认识自然的过程中有满足感及兴奋感；学习一定的物理基础知识，养成良好的思维习惯，在解决问题或做决定时能尝试运用科学原理和科学研究方法；经历基本的科学探究过程，具有初步的科学探究能力，乐于参与和科学技术有关的社会活动，在实践中有依靠自己的科学素养提高工作效率的意识；具有创新意识，能独立思考，勇于有根据地怀疑，养成尊重事实、大胆想象的科学态度和科学精神；关心科学发展前沿，具有可持续发展的意识，树立正确的科学观，有振兴中华、将科学服务于人类的使命感与责任感。所以在本节课的教学设计上我本着由浅入深的基本思路，通过实验探究的过程中顺应学生的思维天性来激发他们探索新知的兴趣，获得相关知识，养成独立思考、勇于质疑、尊重事实等的好习惯，使其具有大胆创新、合作交流、热爱家乡等人文精神。

教育家赞可夫说："教学方法一旦触及学生的情绪和意志领域，触及学生的心理需要，这种教学就会变得高度有效。"我的这堂课的教学设计遵循"搭梯子"的基本理念，大小知识点的设计都是让学生能"跳起来摘桃子"，这种教学思维的设计一定是由浅入深的。如果"桃子"的位置太低，学生会觉得不过瘾、没兴趣，如果"桃子"的位置太高，学生会觉得难度偏大，没啥成就感。在所有的提问和启发的问题的设计上一定要结合学生的生活经验和思维发展规律，要让学生对你所提的问题有兴趣去思考与解决，学生在思考与解决的过程中能够使其自身的探究能力、发现问题能力、解决问题能力等有所增长与发展。下课后，学生对于物理课堂，应该有一种吃完糖后不由自主地去舔嘴唇来回味糖的味道的感觉。简而言之，这种由浅入深的教学设计有利于挑起学生对知识的渴望与向往，有利于学生的大胆质疑、独立思考、积极创造等科学素养的进步与终身发展。教师在这种教学设计中，也能够锻炼自己结合学情和教材来处理课堂的能力。长此以往，教师的教育教

学智慧会成长得极为迅速。有专家认为，科学活动有如阶梯式递进的攀登，科学成就在本质上是积累的结果，科学是继承性最强的文化形态之一。

2. 教学过程贯穿体验，充分释放自主性

在多年的一线教学实践中，我发现，很多时候，学生在知识的获得过程中，你给他讲多少遍或者做多少遍实验远远不及他自己体验一回的效果好。300 多年前，捷克教育家夸美纽斯在《大教学论》中写道："一切知识都是从感官开始的。"在这堂课的设计中，我始终坚持所有新知都是学生通过各种途径感受、自主体验与发现、自我思考来主动获得的。从声音三个特性的初步感受到音调、响度、音色概念的得出再到影响三个特性的主要因素，都是学生自己通过实验或者游戏或者视频来感受的。在探究音调的概念和影响它的主要因素时，我设计学生在教师的引导下，通过编钟视频、手拨直尺、纸片刮梳子、蝴蝶与蜜蜂飞行视频，让学生自己得出音调、频率、次声波、超声波的概念和关系；在探究响度的概念和影响它的主要因素时，则是通过游戏（拍手操）来感受响度，然后让学生自行通过音叉和乒乓球、大鼓来设计影响响度的主要因素（振幅），再通过近距离跟学生说话判断出距离发声体的远近也会影响声音的响度；在音色环节，通过游戏和视频让学生感受音色的存在。人对物体的认识一般说来都是从感性认识到理性认识，对于刚刚接触初中物理的学生而言，教师最主要的目的就是带着学生在物理课堂中快乐地动起来，让他们通过自己的亲身体验觉得物理是有趣的，又是有用的，体验式教学能够充分体现它在这方面的优越性。特别是在体验手快慢拨直尺时，某同学的实验结论出现错误，这恰好是个教育契机，我又让该同学在课堂上重做了一次。仅仅就是这样重来一下，他就意识到结论恰好说反了。这种教育效果不是教师给他做演示实验或者讲授能够替代的。学生在这次纠错中，不仅促进了有关频率的相关三维目标的达成，还最大程度地还原了人类在探究活动中的出错、纠错的收获过程，也最大程度地培养了学生的独立思考、独立实验、独立解决问题的能力。在这堂课中，我只在振幅教学环节采用了教师提供实验器材学生设计实验，原因就是培养学生的创新与设计能力不是一蹴而就的，它需要教者在每堂课中慢慢地去渗透。作为教师，我们需要

慢工出细活的工匠精神，用水滴石穿的态度日积月累地去帮助学生挖掘他们的创造力与思考力。整堂课下来，学生基本上都是在感受、体验、思考这样的学习氛围中度过的，学生们课后说，物理课很好玩，很有趣。

3. 教学资源集中配置，有效突破重难点

本堂课的重点是研究乐音的音调和响度各与什么因素有关。教学难点是感知乐音的音色，理解音色取决于发声体本身。为了突破重点、难点，我将本节课的素材资源分为视频、演示实验、学生设计实验、游戏、flash 模拟实验五类，根据教材和学情来进行处理与设计。视频有《请喝一碗石门茶》（感受乐音的三个特性）、随州编钟演奏（感受音调）、蜜蜂和蝴蝶飞行（探究人耳听觉音频范围）、喜剧演员模仿秀（感受音色），演示实验有将频率和振幅通过示波器的波形展示出来，学生设计实验有制造各种声音、探究影响响度的因素（振幅），游戏有拍手操（感受响度）、猜一猜我是谁（感受音色）、轻声对近处学生讲话（距离发声体的远近也能影响响度），利用 flash 来模拟不同乐器发出的 C 调的 do 以及它们对应的波形。在本节课的素材资源配置上，我本着有利于重点、难点的突破，有利于学生的思维发展，有利于三维目标的着陆，去进行资源的截取和运用。

在本节素材资源的配置上我有以下几点感触。第一，资源最好是学生日常生活中常见的，易懂的。例如，实验器材——梳子、直尺、大鼓。第二，资源的运用要多种多样。我在本节课中用到的素材涉及视频、实验、游戏。第三，资源中要适当渗透家乡特色和历史文化。例如，《请喝一碗石门茶》的 MTV 和随州编钟演奏视频。第四，资源的指向性要强。例如随州编钟演奏视频指向音调，"拍手操"指向响度，"猜一猜我是谁"指向音色。通过教学反馈，学生对于音调、响度、音色以及影响它们的主要因素能够快速地辨别与利用。这样的素材资源的配置必须依靠平时的备课去积累，去发现。只有教师在平时的生产生活中当好有心人，积累好素材，才能让自己的课堂跳动起来，活跃起来，只有这样，才能突破教学的重点、难点。重点、难点突破了，一堂课的思维阻滞点也就解决了，这样整堂课就通畅了，三维目标的着陆于是顺理成章，教学很可能达到"随风潜入夜，润物细无声"的

境界。

4. 教学目标锁定三维，全面发展可持续

通过长期的教学实践与反思，我发现，三维目标应该是一个整体，而且三维目标的解读要与当下国家所提出的关注学生核心素养紧密联系起来。我在教学的设计上会从整体上剖析三维目标，简而言之，就是站在为了孩子的终身发展的起点和高度上去到物理课堂上尽最大可能去关注、培养学生能够适应终身发展需要的必备品格和关键能力。

作为一名一线的物理教师，在课堂设计中要时刻关注学生的核心素养的发展，结合本学科的特点去渗透和融合核心素养的培养。本堂课，内容很简单，就是乐音的三个特性：音调、响度和音色。作为刚刚进入八年级的学生而言，他们对于乐音的三个特性有较为模糊肤浅的认识，你说他清晰，他又不能用较为完整和严谨的语言来表达，你说他不明白，他又能说出一些声音特性的事例。基于这样的学情，我在教学设计中这样写到"音调、响度、音色以及影响它们的主要因素频率、振幅、发声体自身特点所渗透的思维——深度思考、分析能力，所渗透的习惯——认真、细心，所渗透的情感——抗挫与合作能力，是我们在教学中需要循序渐进地培养与锻炼学生的"。换言之，音调、响度、音色的概念和影响三个特性的主要因素相关实验应该是本节课三维目标的主线，在整堂课的设计中，始终要关注三个维度、多个层次教学目标实现的最大化，只有这样整体剖析三维目标，才能让三维目标真正融入课堂中。爱因斯坦说："什么是教育，当你把受过的教育都忘记了，剩下的就是教育。"作为一名一线的物理教师，在课堂设计中要时刻关注学生的核心素养的发展，结合本学科的特点去渗透和融合核心素养的培养。每堂课的三维目标只有这样去反复地研读与整理，才能让学生在物理课堂中得到他们成长过程中所需要的知识、方法、能力、情感、素养等，而且这种教学三维目标的解读是一个长期的过程，也是一个很慢的过程。教育界有一个流行的词：静待花开。我想三维目标的落实应该就是静待花开的过程，这需要教师有足够的耐心和恒心去发现核心素养的培养契机，以培养"全面发展的人"为核心，去坚持对学生人文底蕴、科学精神、

学会学习、健康生活、责任担当、实践创新六大核心素养的培养，让学生在今后的
成长的过程中能更好地适应与发展。

第三节　《眼睛和眼镜》新授课

一、教学目标

知识与技能：了解眼睛的结构，知道眼睛是怎样看清楚物体的，知道近视眼和
远视眼的特点及矫正方法。

过程与方法：通过对凸透镜成像的再实验，培养学生发现问题、提出问题、解
决问题的能力。

情感态度与价值观：具有眼睛保健的意识；培养学生与他人合作及交流的愿
望；敢于尝试，提出与别人不同的见解，也勇于修正。

二、教学重点、难点

重点：眼睛是怎样看清远处、近处的东西的；近、远视的成因、矫正。

难点：近视眼和远视眼的成因。

三、教材分析

"眼睛和眼镜"不仅是凸透镜成像规律的拓展，更是初中光学的重要应用，在
初中光学教学中具有重要地位。

四、学情分析

经过近一个月光学的学习，学生已经具备了一定的光学知识和分析能力的储

备。基于目前我校基本条件，在实验的设计上，选择焦距为 5 cm 和 10 cm 的透镜各一块来模拟近视眼和远视眼的成因，让学生通过实验探究来自主弄清近视眼和远视眼的成因及矫正办法。

五、教具、学具

眼睛模型、光具座、凸透镜（$f = 5$ cm 和 $f = 10$ cm 各一块）、光屏、蜡烛、PPT 课件。

六、教学过程

（一）引入新课

老师：首先请大家观看一组图片（图 3-10），这是哪些地方？

学生：壶瓶山、夹山寺、龙王洞、蒙泉湖。

图 3-10　家乡美景

老师：一方水土养一方人，我们的家乡很美，我们刚刚是通过什么感受到家乡的美的？

学生：通过眼睛。

（二）新课教学

1. 眼睛看物原理

①问题：眼睛是如何感知这美丽的世界？

②动手动脑：动手玩玩桌上的眼球模型并观察人眼成像的原理图。如果把晶状体和角膜看成一个凸透镜，则人眼成像原理类似什么原理？

③人眼成像原理与照相机成像原理相似。晶状体和角膜：共同作用相当于一个凸透镜（镜头）；视网膜：相当于光屏（底片）。

④动脑：人眼所成的像是倒立的，而我们所感受到的像怎么是正立的呢？科学家通过研究发现：在视网膜上的物像，正如照相机底片上的景物，确实是一个"倒立的影像"。视网膜上倒立的物像，经视神经传到大脑皮质后，经过视觉中枢的处理、解读，把"倒像"纠正过来，最后成正位的立体感觉。

2. 人眼看清远处和近处的物体的原理

（1）动手动脑

再动手玩玩桌上的眼球模型并观察图 3-11 眼睛看远处和近处物体的原理图，思考正常的人眼是如何看清远处和近处的物体的？

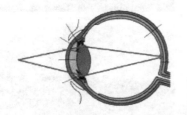 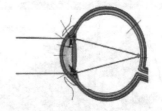

（a）看近处物体   （b）看远处物体

图 3-11   人眼成像原理图

（2）探究活动（模拟眼睛成像实验）

①将光屏、焦距较短、凸度较大（$f=5$ cm）的凸透镜和蜡烛放在光具座上，点燃蜡烛并使烛焰、凸透镜、光屏的中心在同一高度上。把蜡烛放到距凸透镜2倍焦距以外（u略大于$2f$），移动光屏，一直到光屏上出现烛焰清晰的像。

②保持光屏、凸透镜的位置不变，将蜡烛向远离凸透镜的方向移动，让光屏上的像变得模糊。

③保持光屏、凸透镜的位置不变，换上焦距较长、凸度较小（$f=10$ cm）的凸透镜，观察光屏上的像是否再次清晰。如果不清晰，则继续向远离凸透镜方向移动蜡烛（蜡烛总在距凸透镜2倍焦距以外），同时微调光屏，直到光屏上的像再一次清晰为止。

老师：①相当于眼睛看近处的物体；③相当于眼睛看远处的物体。

总结：当睫状体收缩时，晶状体变厚，近处来的光线恰好会聚在视网膜上，眼球可以看清近处的物体；当睫状体放松时，晶状体变薄，远处来的光线恰好会聚在视网膜上，眼球可以看清远处的物体。眼睛通过睫状体来改变晶状体的凹凸程度从而可以看清远处和近处的物体。

3. 人眼的两个极限点和明视距离

①依靠眼睛调节所能看清的最远的和最近的两个极限点分别叫做远点和近点。正常眼睛的远点在无限远，近点大约在10 cm处。

②正常眼睛看近处物体最清晰而又不疲劳的距离大约是25 cm，这个距离叫做明视距离。

4. 近视眼成因及矫正

（1）探究活动（探究近视眼成因）

①将光屏、焦距较长、凸度较小（$f=10$ cm）的凸透镜和蜡烛放在光具座上，点燃蜡烛并使烛焰、凸透镜、光屏的中心在同一高度上。把蜡烛放到距凸透镜2倍焦距以外（$u>2f$时对于$f=5$ cm和$f=10$ cm两块透镜同时满足），移动光屏，一直到光屏上出现烛焰清晰的像。

②保持蜡烛、凸透镜的位置不变，换上焦距较小、凸度较大（$f=5$ cm）的凸透镜，观察光屏上的像是否再次清晰。如果不清晰，则前后移动光屏，直到光屏上的像再一次清晰为止，并观察光屏移动方向。

老师：①相当于正常眼睛成像；②相当于近视眼睛成像。

（2）近视眼的成因（表3-2）

表3-2　近视眼的成因

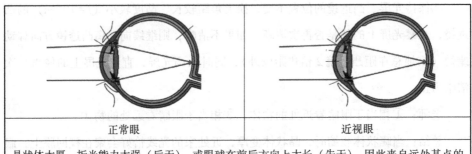

正常眼	近视眼
晶状体太厚，折光能力太强（后天），或眼球在前后方向上太长（先天），因此来自远处某点的光会聚在视网膜前。	

（3）近视眼的矫正方法（表3-3）

表3-3　近视眼的矫正方法

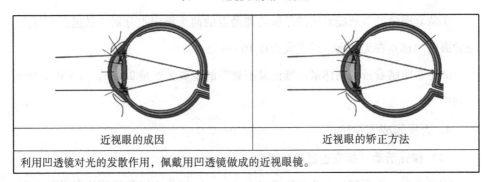

近视眼的成因	近视眼的矫正方法
利用凹透镜对光的发散作用，佩戴用凹透镜做成的近视眼镜。	

5. 远视眼成因及矫正

（1）探究活动（探究远视眼成因）

①将光屏、焦距较短、凸度较大（$f=5$ cm）的凸透镜和蜡烛放在光具座上，

点燃蜡烛并使烛焰、凸透镜、光屏的中心在同一高度上。把蜡烛放到距凸透镜 2 倍焦距以外（$u>2f$ 时对于 $f=5$ cm 和 $f=10$ cm 两块透镜同时满足），移动光屏，一直到光屏上出现烛焰清晰的像。

②保持蜡烛、凸透镜的位置不变，换上焦距较长、凸度较小（$f=10$ cm）的凸透镜，观察光屏上的像是否再次清晰。如果不清晰，则前后移动光屏，直到光屏上的像再一次清晰为止，并观察光屏移动方向。

老师：①相当于正常眼睛成像；②相当于远视眼睛成像。

（2）远视眼的成因（表 3-4）

表 3-4　远视眼的成因

正常眼	远视眼
晶状体太薄，折光能力太弱（后天），或眼球在前后方向上太短（先天），因此来自近处某点的光会聚在视网膜后。	

（3）远视眼的矫正方法（表 3-5）

表 3-5　远视眼的矫正方法

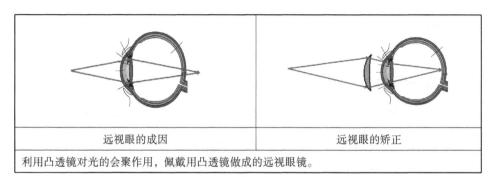

远视眼的成因	远视眼的矫正
利用凸透镜对光的会聚作用，佩戴用凸透镜做成的远视眼镜。	

6. 爱护眼睛

不走路看书；

不要躺卧看书；

不要在阳光强烈或太暗地方看书；

读写姿势要正确；

眼与书的距离要在 25 cm 左右；

看电视和电脑、手机 1 h 后要休息一下，要远眺；

定期检查视力，认真做眼保健操。

7. 眼镜的度数

①测透镜焦距 f，单位为 m。

②算焦度。焦度是焦距的倒数：$\Phi = \dfrac{1}{f}$，单位为 m^{-1}。

③镜片的度数为透镜焦度乘以 100，即 $D = 100\Phi = \dfrac{1}{f} \times 100$，单位为°。

④远视眼镜（凸透镜）的度数用正数表示；近视眼镜（凹透镜）的度数用负数表示。

（三）齐唱《你是我的眼》

老师：让我们怀着感恩的心，用我们明亮的眼睛观看多彩世界，享受美妙人生。

（四）作业

教材 102 页第 2、4 题。

（五）随堂练习

1. 人眼成像原理与_____原理类似，相当于凸透镜成像原理中的_____（选填"$u>2f$""$f<u<2f$"或"$u<f$"）。物体在视网膜上所成的像是_____。（选填"正立"或"倒立"）

2. 在下图中，分别画出了眼睛看物体时的光路。在 A、B、C、D 四个光路中，

_____描述了正常眼睛的成像情况；_____描述了近视眼的成像情况，矫正近视眼应佩戴眼镜的镜片是_____透镜（选填"凸"或"凹"）；_____描述了远视眼的成像情况，矫正远视眼应佩戴眼镜的镜片是_____透镜（选填"凸"或"凹"）。

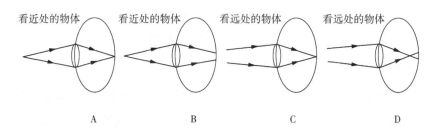

3. 做眼保健操对人的眼睛所起的作用是（   ）

A. 使眼睛漂亮

B. 缓解眼肌的疲劳，增强睫状体对晶状体的调节作用

C. 使眼睛的瞳孔放大

D. 使玻璃体更透明

4. 小明经过测量后，得知自己近视镜片的焦距是 40 cm，则镜片的焦度是（   ）

A. 250°   B. 40°   C. 150°   D. 400°

5. 眼睛通过睫状体来改变晶状体的_____从而看清近处和远处的物体。（a）图是正常人眼看_____（选填"近处"或"远处"），此时睫状体_____，晶状体_____。（b）图是正常人眼看_____（选填"近处"或"远处"），此时睫状体_____，晶状体_____。

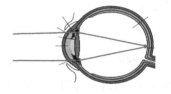

（a）   （b）

七、教学总结

《眼睛和眼镜》这节课是我加入市级规划课题"初中物理课堂教学优化策略的研究与实践"后在课题组的活动中上的一节研修示范课，后来又被评选为2017—2018年度"一师一优课、一课一名师"，在网上晒课活动中获得市级、省级优课。本节课从备课到上课的过程中，自己有一些思考与感悟，现分享如下。

1. 德育元素浸润在课堂的每个环节

伴随着《石门相约天下客》音乐，石门地图，再到石门县的夹山寺、龙王洞、壶瓶山、蒙泉湖的美丽的景色图片陆续呈现出来，整个引入的素材都是围绕石门县的，这样的情景引入都是为了课题来服务的，而家乡素材的引入就是用来激发学生爱家乡、爱祖国的情感。在新授环节，通过新课学习引导学生养成良好的用眼习惯。结束环节，我用到了盲人歌手演唱的《你是我的眼》，让学生在歌声中感受人生的美妙，用美好、阳光的心理去感受多彩世界。在本节课中，我的德育学科教学目标还是较为成功地达成了。通过本节课的学习，学生们会有眼睛保健意识，养成终身受用的用眼习惯。

2. 知识迁移沉浸在课堂的每个概念

本节课的知识与技能目标是：了解眼睛的结构，知道眼睛是怎样看清楚物体的，知道近视眼和远视眼的特点及矫正方法。不管是眼睛的结构，还是眼睛看物原理，以及近视眼和远视眼的特点及矫正方法，我都注重学生已有知识的迁移。这些知识的教授基本上都是依托学生已有的生物学、物理学知识，是遵循学生的认知规律和已有基础的，达到了良好的课堂效果。

3. 实验创新蕴含在课堂的每个实验

本节课中，实验创新的最大亮点就是利用焦距为 5 cm 和 10 cm 的凸透镜来完成近视眼和远视眼的成因的讲解。因为焦距为 5 cm 的凸透镜比焦距为 10 cm 的凸透镜更凸一些，所以在近视眼的成因里面，焦距为 10 cm 的凸透镜扮演着"正常眼"的角色，焦距为 5 cm 的凸透镜扮演着"近视眼"的角色；在远视眼的成因里面，焦距为 5 cm 的凸透镜扮演着"正常眼"的角色；焦距为 10 cm 的凸透镜扮演着"远视眼"的角色。乡村学校的实验器材较为匮乏，但通过两块简单的凸透镜就让学生理解了"近视眼"和"远视眼"的成因。

4. 知识应用落脚在课堂的每个问题

近视眼的像成在视网膜前，需要用凹透镜，让光线更发散，这样像就可以成在视网膜上。远视眼的像成在视网膜后，需要用凸透镜，让光线更会聚，这样像就可以成在视网膜上。在讲解利用凸透镜对光线的会聚特点和凹透镜对光线的发散特点来分别解决远视眼和近视眼的矫正过程中，学生又一次对凸透镜和凹透镜的特点进行了理解与消化，加强了凸透镜和凹透镜的应用与拓展，让凸透镜和凹透镜不再停留在书上，不再停留在图中，而是利用它解决问题。

5. 方法获得贯穿在课堂的每个步骤

本节课中，我大量启用了光路图和表格，我认为在初中物理光学部分，除了高质量完成实验外，光路图是非常重要的。我用 $u>2f$ 的光路图来表达眼镜成像原理，近视眼和远视眼的成因及矫正方法等，简单明了，一目了然。用表格来帮助学生梳理物理概念与规律也是我喜欢的一种教学方法，表格的好处是通过比较、梳理可以非常清晰地表达出重点知识与重点方法。

第四节　《牛顿第一定律》新授课

一、教学目标

知识与技能：通过实验，确认阻力对物体运动的影响；经历建立牛顿第一定律的科学推理过程，认识牛顿第一定律；能通过生活经验和大量事实认识一切物体都具有惯性，能用物体的惯性解释生活和自然中的有关现象。

过程与方法：培养学生的观察能力、抽象思维能力及应用物理定律解决实际问题的能力。

情感态度与价值观：人们对客观事物的正确认识需要经过长期的由表及里、由片面到全面的认识过程。通过本节课的学习要让学生建立起正确的认识论与方法论的观点，同时体会到人们认识世界的长期性和艰巨性。培养学生严谨的科学态度与作风，积极探索的创新精神，敢于向权威提出质疑和挑战的非凡勇气，不断地追求真理。

二、教学重点、难点

重点：通过实验研究阻力对物体运动的影响。

难点：建立牛顿第一定律的科学推理过程。

三、教材分析

教科书把牛顿第一定律放在十分重要的位置，它是本章乃至整个初、高中物理课程的基础。"牛顿第一定律"是本章教学难点，要让学生完成对它的认识，最重要的是揭示建立牛顿第一定律的思维过程，帮助学生突破思维障碍。本节内容由"阻力对物体运动的影响""牛顿第一定律"和"惯性"三部分构成，重点是把物体的运动状态和物体是否受力联系起来，从而使学生初步认识力和运动的关系，这将为后面学习二力平衡、压力、浮力、物体的浮沉条件、杠杆的平衡条件等打下基础，并起到承前启后的作用。

四、学情分析

进入到牛顿第一定律的学习以后，学生经过一个学期物理学方法的熏陶与浸润，已经具有良好的物理思维能力基础。而牛顿第一定律在整个中学物理教程中的位置决定了这个时候介入牛顿第一定律的学习是较为合适的，特别是牛顿第一定律的实验+推理的方式，可以借鉴学生之前学习的"真空铃"实验来进行方法的迁移。探究"阻力对物体运动的影响"这个实验设计本身不是很难，难的是如何引导学生进行推理与归纳，这时教者要充分考虑学情，用循序渐进的方式帮助学生达成学习目标。

五、教具、学具

小车、斜面、棉布、毛巾、木板、PPT课件。

六、教学过程

（一）引入新课

问题1：力的作用效果有哪些？

问题2："真空铃"实验说明了什么？结论的得出用到了什么方法？

老师：今天我们一起学习《牛顿第一定律》，共同探讨一下力和运动究竟有怎样的关系？

（通过复习与本节课内容相关的物理概念、规律、实验方法来"温故而知新"。）

（二）新课教学

1. 探究阻力对物体运动的影响

（1）观察与思考

①让小车从斜面滑下，观察小车会有什么现象发生？

②小车在水平面上为什么会停下来？

③假设运动小车不受阻力，它将会怎样运动？

（2）实验器材

小车、斜面、棉布、毛巾、木板。

（3）实验设计引导

①你是如何改变阻力大小的？

（通过改变水平面的粗糙程度来改变阻力的大小。）

②你是观察什么来判断阻力对小球运动的影响？这是哪种研究问题的方法？

（观察小车在阻力不同的平面上运动距离的长短，从而判断阻力对小球运动的影响。这种方法是转换法。）

③实验中还需要注意什么？我们在这个设计上主要用到了什么实验方法？

（需要注意：让同一小车从同一斜面的同一高度自由滑下，即让小车以相同的初速度在阻力不同的水平面上运动。用到了控制变量法。）

（4）归纳总结

学生完成填表（表3-6）和填空。

表3-6　实验总结

实验次数	表面材料	阻力大小	滑行距离
1	毛巾	（最大）	（短）
2	棉布	（较大）	（较长）
3	木板	（小）	（最长）

结论：水平面越光滑，小车受到的阻力就越 （小），小车前进的距离就越 （远）。

推理：如果运动的物体突然不受力的作用，它将 （匀速运动下去）。

2. 牛顿第一定律

（1）牛顿第一定律发现过程

结合图3-12，讲解牛顿第一定律的发现过程。

（2）牛顿第一定律详解（图3-13）

3. 课中练习

①下列关于牛顿第一定律的建立方法的说法正确的是（　　　）

A. 通过理论推导得出

B. 通过实验直接得出

C. 能够用实验直接验证的规律

D. 在实验和事实的基础上进行推理、想象得出

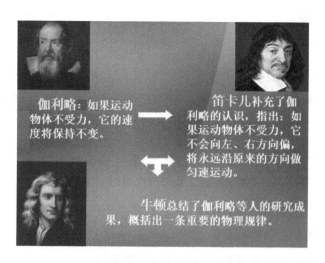

图 3-12　牛顿第一定律发现过程

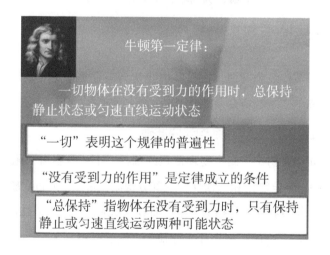

图 3-13　牛顿第一定律详解

②一个放在桌上静止不动的物体，假若某瞬间撤掉所有的外力，物体将_____。

③小雨同学通过绳子拉着一个石块，使石块在水平面上匀速转动，若石块受到的力都消失了，石块将（　　）

A. 立即停止运动

B. 落到地面上

C. 继续匀速转动

D. 以原有速度做匀速直线运动

④古希腊著名的科学家和哲学家认为，"运动者皆被推动""当推一个物体的力不再推它时，原来运动的物体便归于静止"。这个观点正确吗？

4. 课堂小结

①一条定律：一切物体在没有受到力的作用时，总保持静止状态或匀速直线运动状态。

②两个名称：牛顿第一定律、惯性。

③三种方法：科学推理法、控制变量法、转换法。

④四个人物：亚里士多德、伽利略、笛卡儿、牛顿。

七、教学总结

本节课为一节校级公开课，在教学中我认为一直是个难点、热点，所以在备课、上课等方面下了一番功夫，课后同组老师评价很高。

1. 洞察其位置，知识体系构建要准确

牛顿第一定律是初中、高中物理课程的基础，本节内容由"阻力对物体运动的影响""牛顿第一定律"和"惯性"三部分构成，重点是通过实验研究阻力对物体运动的影响，难点是建立牛顿第一定律的科学推理过程。无论是重点还是难点都是要围绕"牛顿第一定律"的构建来完成的。在教学设计上，牛顿第一定律的得出都尊重其原始过程。在实验设计前期的引导上我下了很多功夫，我认为是值得的，主要是牛顿第一定律位置的重要性。牛顿第一定律生成过程确实严谨、有序，特别是实验+推理，我们只有注重其推导过程，才能帮助学生更好地建构牛顿第一定律，只有这样，学生在今后使用牛顿第一定律的推论的过程中才能慢慢悟出其原理的伟大与经典。

2. 组合其素材，实验探究完成要简洁

在探究阻力对物体运动的影响过程中，我使用了小车、斜面、棉布、毛巾、木板这几种实验器材。经过前期引导后，设计了同一小车沿同一斜面同一高度到达毛巾、棉布、木板表面，看看随着水平面的粗糙程度越来越光滑，小车在水平面运动的距离越来越远。就是这样看起来简单的实验，教师要花费的功夫还是很多的。为了确保实验设计达到实验目的，特别是便于学生较好地得出想要的结论，对于"同一小车沿同一斜面同一高度滑下"的解读花了课堂上一些时间。因为学生的物理功底与思维还达不到相应的要求，这就要求教者多在学生思维的引导上多费神，只有这样，才能让学生后面用简单的素材来完成实验探究。有句俗话说得好"欲速则不达"，要把复杂的牛顿第一定律简化成小车滑下实验，要求教师有"化繁为简"的能力与较为高超的教材教法处理能力，实验过程既要简洁又要精准，结论的得出要水到渠成。只有学生明晰阻力是改变小车运动状态的原因，才能让学生推导出在物体没有受到力的作用时，物体保持静止状态或者匀速直线运动状态的结论。

3. 设计其流程，概念规律教学要丰满

在教学流程的设计上，我设计了复习旧知识、观察与思考、实验设计引导、实验结论推导、思维与拓展（典型例题）、小结与归纳。回顾一下这个流程，我觉得是非常扎实与丰满的，不是干瘪的，概念规律教学我个人认为最为忌讳的就是硬灌、快倒、直入式教学，然后就开始刷题，牛顿第一定律最怕这种教学。这堂课的每一个流程我都是认真设计与实施的。我认为优质的物理概念与规律教学就应该是丰满的，只有这样才能帮助学生生成丰富的物理概念与规律，只有这样，学生在使用物理概念与规律时才能灵活与变通，而不是死板的。

4. 培养其思维，学生能力提升要有深度

本节课重点是通过实验研究阻力对物体运动的影响，难点是建立牛顿第一定律的科学推理过程。在本节课中，我觉得较好地突破了重点和难点，有效地培养了学生思维，提升了其物理探究能力与思考能力。首先学生通过分组实验亲身感受到

"力是改变物体运动状态的原因"，然后通过牛顿第一定律让学生搞清了"力到底是维持物体运动的原因还是改变运动状态的原因"这个历史上著名的"观点之争"。从牛顿第一定律的得出方法到用牛顿第一定律来解决"观点之争"，学生的物理思维中的推导、演绎、归纳等能力得到培养与提升。物理教学的本质就是依托物理概念与规律培养学生思维，提升学生能力，让学生从物理学科中得到其适应终身发展的能力与素养。在本节课中，学生的科学思维能力得到了深度发展，探究能力得到了高质量提升，物理素养得到了高层次、多角度的历练与浸润。

第五节 《汽化和液化》新授课

一、教学目标

1. 知识与技能
①知道什么是汽化、液化，知道气态和液态可以相互转化。
②了解沸腾现象，知道什么是沸点。
③知道蒸发可以制冷，知道影响蒸发快慢的因素。
④知道使气体液化的两种方法。

2. 过程与方法
①观察沸腾是液体内部和表面同时发生的剧烈的汽化现象。
②通过探究活动了解液体沸腾时的温度特点。通过观察水沸腾前后的气泡、温度的变化情况，培养学生的观察能力。
③通过探究活动，使学生了解图像是一种比较直观的表示物理量变化的方法。

3. 情感态度和价值观
①通过教学活动，激发学生的学习兴趣和对科学的求知欲，使学生乐于了解日

常生活中的物理道理。

②通过教学活动，激发学生对自然现象的关心，乐于探索未知事物的情感。

③通过教学活动，激发学生爱家乡建设家乡的社会担当与责任。

二、教学重点、难点

重点：通过探究实验，培养学生观察能力、分析概括能力和表达能力。

难点：指导学生通过对实验的观察、分析概括和表达，总结出沸腾的特点，并通过对生活中蒸发现象的观察、分析得出影响蒸发快慢的因素。

三、学情分析

八年级学生正是求知的青春年华，学生的兴趣与求知欲是非常难能可贵的，但是学生在求知过程中抗挫能力较弱。教者为石门三中老师，本学年被派到石门县罗坪中心学校支教，学校距离县城 150 km，大部分学生都是留守儿童。由于多种原因，学生的知识积累不够，思维能力较弱，需要教者根据学情尝试与县城不同的教学方法，从学生身边的例子开始引导，要遵循循序渐进的思维阶梯来进行问题设计，努力地减少城乡差异，使山区的孩子能够享受到公平优质的教育。

四、教具、学具

希沃课件、水槽、塑料袋、酒精、热水、烧杯、铁架台、温度计、酒精灯、石棉网、纸盖等。

五、教学过程

（一）引入新课

老师：同学们，这是 2019 年 10 月 18 日开幕的石门县第 19 届柑橘节暨文化旅游季的宣传视频，我们的家乡美丽吗？

学生：美丽。

老师：视频中，重点拍摄了罗坪的什么景色？

学生：罗坪云雾。

老师：罗坪的云山雾海究竟是怎样形成的？今天我们一起走进《汽化与液化》的学习。

（二）新课教学

1. 汽化和液化的定义以及吸热放热情况

（1）实验

①演示实验：教材58页图3.3-1的实验。

②学生实验：在烧杯里倒一些开水，将冷的玻璃片盖到烧杯口，稍后将玻璃片拿起并观察玻璃片上会附着什么。摸一摸，感受到原来较冷的玻璃片的温度发生了怎样的变化。为什么会有这样的变化？

（2）归纳总结

物质从液态变为气态的过程叫做汽化（吸热）；物质从气态变为液态的过程叫做液化（放热）；液态和气态可以相互转化。

2. 汽化的两种形式以及各自特点

（1）汽化的两种形式

展示烧水和炒制茶叶图片，引导学生说出两种汽化形式的名称。

汽化的两种形式：沸腾和蒸发。

（2）引导学生通过实验自主探究沸腾的特点

老师：大家在家会烧开水吗？谁能描述一下水烧开时的现象？接下来我们研究一下水烧开时到底有哪些现象和特点。

学生阅读教材59页和实验报告单上的实验探究二有关水的沸腾实验材料。

老师强调起始时间和起始温度，结束时间和结束温度，以及拿走酒精灯后需要继续测量与观察。（此数据不进入记录表格）

老师提醒：防止酒精灯烧伤与开水烫伤，酒精灯的点燃与熄灭要规范操作。

学生思考问题：如何缩短实验时间？实验中如何分工合作？

学生实验完成后，利用"希沃授课助手"分享交流沸腾特点与现象。

老师在学生总结的基础上还点拨一下液体沸点与气压的关系。

展示沸点数据表（表3-7）。

表3-7　沸点数据表　　　　　　　　　　　单位：℃

物质	沸点	物质	沸点	物质	沸点
液态铁	2750	甲苯	111	液态氧	-183
液态铅	1740	水	100	液态氮	-196
水银	357	酒精	78	液态氢	-253
亚麻仁油	287	液态氨	-33.4	液态氦	-268.9

学生思考：在探究水的沸腾实验时，能否选择酒精温度计？为什么？为什么水的沸点和我们在这里做这个实验时的沸点不一样呢？

教师实验：给停止沸腾的水抽气观察水又重新沸腾起来。

引导学生归纳整理沸腾特点：

①沸腾是液体内部和表面同时发生的剧烈汽化现象。

②各种液体沸腾时都有确定的温度，这个温度叫做沸点。

③液体沸腾需要两个条件：达到沸点，继续吸热。（缺一不可）

④液体的沸点与液体的种类、液体上方的气压有关。不同的液体沸点不同。液体的沸点随着气压的改变而改变。气压增大，沸点升高；气压减小，沸点降低。在标准大气压下，水的沸点是100 ℃。

（3）引导学生通过实验结合生活实例自主探究蒸发的特点

老师：沸腾是一种剧烈的汽化方式，那蒸发会是怎样的一种汽化现象呢？

老师举出生活和生产中常见的两个例子（晒衣服和地膜覆盖技术图片）。

老师：大家观察一下，它们都是蒸发现象，在蒸发速度的利用上它们相同吗？

老师引导学生归纳总结影响蒸发快慢的三个因素：液体温度的高低、液体表面上空气流动的快慢、液体表面积的大小。

展示小女孩发烧，妈妈在额头上给她敷冷毛巾的照片。

老师：图片上的小女孩发烧了，妈妈给她在额头上敷了冷毛巾，这样做有什么作用呢？

学生：降低温度。

老师：蒸发可以降温吗？下面一起通过实验来验证。

学生实验：将酒精擦在手背上，手背上有什么感觉？把酒精反复涂在温度计的玻璃泡上，用作业本扇，温度计的读数有什么变化？这是什么原因？

引导学生归纳整理蒸发特点：

①蒸发是液体在任何温度下都能发生，并且只在液体表面发生的缓慢汽化现象。

②影响蒸发快慢的几个主要因素：液体温度的高低、液体表面上空气流动的快慢、液体表面积的大小。

（备注：蒸发的快慢还与液体的种类、空气中水蒸气的含量即空气湿度有关）

③液体蒸发需要吸热，会导致所依附的物体温度降低，有制冷作用。

3. 液化的两种方式

观看北京四中网校微课，这里略。

总结液化的两种方式：降低温度和压缩体积。

六、课后作业

从7月中旬到10月上旬，罗坪乡的降雨量微乎其微，安溪完小的用水一度要靠挑水来获得。通过最近物态变化的学习，你可以给乡政府提出哪些科学性建议来保证罗坪乡居民的正常生活生产用水？请大家将自己的建议用书信的方式写给罗坪乡党委书记龙选周叔叔。

七、附录：探究水沸腾时的现象与特点

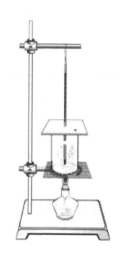

1. 实验目的

①探究水沸腾时温度随时间的变化情况；

②水沸腾时气泡的生成和变化情况。

2. 实验器材

铁架台、酒精灯、火柴、石棉网、烧杯、中心有孔的纸板、温度计、水、电子停表。

3. 实验装置图

如图 3-14 所示。

图 3-14　实验装置图

4. 实验过程

按照实验装置图安装实验器材。向烧杯中加入温水，用酒精灯给水加热至沸腾。当水温接近 90 ℃时每隔 0.5 min 记录一次温度。仿照绘制晶体熔化图像的做法，在图 3-15 中绘制水沸腾时温度与时间关系的图像。等水开了 2 min 后拿走酒精灯，看看水是否继续沸腾。

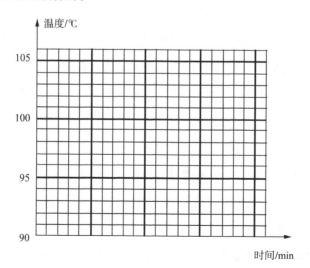

图 3-15　温度-时间图像

5. 实验数据以及现象（表 3-8）

表 3-8　实验数据以及现象

t/min											
$t_{温}/℃$											
沸腾前后气泡变化情况											
当水沸腾后 2 min 拿走酒精灯，水是否继续沸腾？ _____											

八、教学总结

本堂课为我在石门县罗坪乡中心学校支教期间所上的一堂校级公开课，后来我作为主备人整理后上传到贝壳网参加 2019 年湖南省集体备课大赛，经过专家评分后荣获一等奖。下面我分享一下我对这堂课的总结。

第一，体现了以学生为主体的教学理念，一切为了学生的理解而教。无论是汽化概念、液化概念、汽化的两种形式以及各自特点、液化的两种方式都是学生根据实验或者生活现象自己建构出来的。我在设计时尽量考虑学生的思维水平与能力，这样学生知识、方法、能力、情感在本节课中的成长都是循序渐进、水到渠成的，学生总是带着问题在学习在思考，教师仅仅是学生知识获得能力提升的引导者帮扶者，而不是主导者。本堂课中，在教学方法与手段上，我采用了实验探究、微课辅助、启发引导、学生为主建构等多种教学方法，我用到了学生实验为主、教师演示实验为辅的实验探究教学法。只有通过各种各样的教学手段与方法，才能让学生觉得物理概念与规律不是死记硬背得来的。学生们通过自己的思考与实践得到的物理概念与规律是生动的，更是丰富的。

第二，教师的教学能够结合当今的核心素养，即物理观念、科学思维、实验探究、科学态度与责任四个维度来精心设计。物理观念就是物质的气态与液态可以相互转化；科学思维就是能够运用图像来表达沸腾的特点与条件，会结合生活实例完成影响蒸发快慢的因素的学习；实验探究有汽化与液化演示实验、探究液体沸点与气压的关系演示实验，学生探究性实验有液化放热、沸腾特点与条件、蒸发吸热致冷等实验；科学态度与责任就是在实验过程中要遵循实验过程与结果，让学生真正经历实验探究过程，不能一味地用实验视频或者动画来替代实验。在一堂课中，核心素养的四个维度是相互交错融合的。帮助学生建立物理观念的同时也就完成了科学思维的培养，在实验探究的同时也就完成了科学态度与责任的强化。我在设计每个环节选取每个素材时心中都是装着核心素养的四个方面，无论是实验的设计还是生产生活的实例，都是围绕核心素养的思维目标的生成与落地来进行的。

第三，抓住罗坪本地文化，用学生身边事家乡景来为我的教学服务，为学生的新知建构搭桥。从情境的创设到提出问题，衔接显得自然轻松，也是在有意识地告诉同学们物理是有用的也是有趣的，物理概念与规律的引入就不再枯燥乏味。其实初中物理中很多概念与规律都是从生活中来到生活中去，在平时教学中，选择日常生活中的常见例子来创设情境，让学生在第一时间感知这些物理概念与规律，增进与物理学科的亲近感，提高物理课学习效率。本堂课中，教者结合罗坪乡的实际情况，每一个问题，每一个实验，每一个环节都是以学生为中心，尊重学生差异，允许学生通过犯错与纠错来进行新知识新方法新技能的学习与探讨。备课团队的王华章老师课后是这样评价的："整堂课把物理教学与爱国主义教育、行为习惯教育、安全教育、团结协作意识的教育有机地结合在一起，水到渠成，很是成功。这堂课从物质层面的课堂教学文化——教室文化，到制度层面的课堂教学文化——纪律文化，到精神层面的课堂教学文化——价值观、思维方式、生态环境、精神生活，都落实得比较好，值得学习。"

第四，借力"希沃白板5"，让新技术新媒体为课堂增光添彩。本堂课中自制了希沃课件，在制作过程中除了动画设计以外，每一张图片，每一个视频都是我自己在网上认真筛选的，努力地从实验、视频、生活体验等方面让学生多维度地建构汽化与液化的相关概念与规律。还有"希沃白板5"中的思维导图和表格，帮助学生梳理蒸发和沸腾的异同点、汽化和液化的定义与形式。整堂课的内容还是比较多的，学生需要升华和消化的还是很多的，正因为有了"希沃白板5"的技术支持，让这么多的内容能够在45 min内高效地完成。

总之，在本堂课的教与学中，老师与学生的情绪是积极的，向上的，也是接地气的。本堂课是一堂成功的、高效的原生态物理概念教学课。覃仕洋老师评价道："从教学安排上来看，这是一堂八年级学生的必修课，本节课所包含的内容较多，既有理论分析方面的，又有动手操作方面的。学生在学习过程中，积极性高，参与度高，思维能紧跟老师的节奏走。在动手操作过程中，相互合作意识强，安全意识强。学习结束后，课堂知识基本掌握，课堂效率高。教师从教学设计到课堂教学，都能紧紧地抓住孩子的心，提高了课堂效率。上课过程中，层次清楚，条理性强，所选素材使孩子感兴趣，重点突出，难点也突破得比较好，值得学习。"

本堂课的不足之处就是教学节奏还可以均匀一些。对于山区的孩子还需要更多一些耐心与爱心，多想一些办法让山区孩子享受更为优质的教学资源。

第六节　《物体的浮沉条件及应用》新授课

一、教学理念

在浮力单元，历年学生会出现畏难情绪，如何帮助学生顺利地渡过此难点，是我每年都会在备课时重点考虑的。在进行课堂设计时，我的教学理念就是以学生为主体，引导学生顺着思维阶梯一步一步达成核心素养的四维教学目标。本堂课的设计中，我的教学设想是用实验突破重点"物体的浮沉条件"，用"微课"帮助学生归纳计算浮力的四种方法，借助"希沃白板5"的交互功能实现师生互动、生生互动，核心素养目标都是时时刻刻渗透在课堂的每个环节，学生的主体地位都是分分秒秒体现在教学细节中的。

二、教学目标

物理观念：知道物体的浮沉条件；归纳浮力计算的四种方法。

科学思维：通过实验操作活动，激发学生学习物理的兴趣，增强交流与合作的意识，学会用浮力知识解决浮力的问题。

科学探究：经历实验操作过程，培养学生设计实验的能力，以及观察能力和分析概括能力。

科学态度与责任：通过实验和理论推导，让学生学会合作分享，养成实事求是的科学态度。

三、教学重点、难点

重点：通过实验归纳出物体的浮沉条件。

难点：引导学生推导出物体浮沉时物体密度与液体密度的关系。

四、学情分析

进入浮力单元后，大多数学生思维处于混沌状态。浮力单元往往是八年级的物理力学学习拐点，学生如果能够循序渐进地面对拐点，科学思维与解决问题能力就会上升一个层次。教师如果不能认识到这个拐点的重要性，就会加剧学生的两极分化。所以教师在进行教学设计时，各种层次的学生，各种学情都要面面俱到，特别是要借助小组合作与实验探究，借助"希沃白板 5"的交互式功能让所有的学生都参与到课堂活动中，所有学生都能动脑动手，方能助力学生自然地应对初中力学学习拐点，提升学生科学思维，提高科学探究能力，培养学生求真务实的科学态度。

五、教具、学具

教具："希沃白板 5"交互式课件、烧杯、水、盐、鸡蛋。

学具：水槽、清水、盐、石块、乒乓球、生鸡蛋、土豆、花生、勺子、搅拌棒、烧杯、细绳。

六、教学过程

（一）引入新课

播放视频"沉浮子"，引入课题。学生通过观看视频，感受浮沉。利用"希沃白板5"音（视）频打点截图，利用"班级优化大师"随机抽学生上台感受。

（二）新课教学

1. 物体的浮沉条件

（1）探究物体的浮沉状态及条件

实验器材：水槽、清水、盐、石块、乒乓球、生鸡蛋、土豆、花生、搅拌棒、烧杯等。

实验设计与探究：至少选定一个研究对象，浸没于液体中，观察其运动状态，并且进行对应的受力分析。

实验目的：学生通过实验小组合作进行实验探究，进一步感受浮沉，并推导出物体悬浮与下沉时物体密度与液体密度的关系。

媒体使用：利用"班级授课助手"拍照上传，直面学生实验过程的问题。利用"班级优化大师"随机抽取小组进行生生评价、师生评价，不断完善总结物体的浮沉状态与条件。

教师演示：鸡蛋漂浮、悬浮、沉底。

（2）归纳总结（图3-16）

2. 浮力计算的四种方法（图3-17）

3. 课堂练习（图3-18）

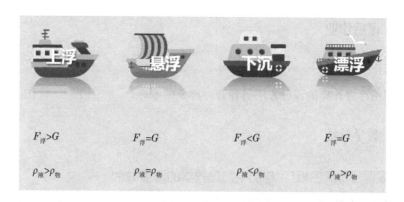

上浮
悬浮
下沉
漂浮
$F_{浮}>G$
$F_{浮}=G$
$F_{浮}<G$
$F_{浮}=G$
$\rho_{液}>\rho_{物}$
$\rho_{液}=\rho_{物}$
$\rho_{液}<\rho_{物}$
$\rho_{液}>\rho_{物}$

图 3-16　物体的浮沉条件

浮力计算的四种方法
1.称重法
2.原因法
3.阿基米德原理法
4.悬（漂)浮条件法
$F_{浮}=G_{物}-F_{拉}$
$F_{浮}=F_{向上}-F_{向下}$
$F_{浮}=G_{排}=\rho_{液}gv_{排}$
$F_{浮}=G_{物}$

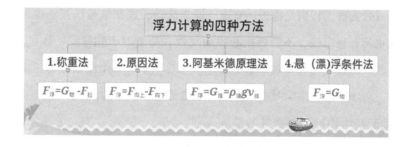

图 3-17　浮力计算的四种方法

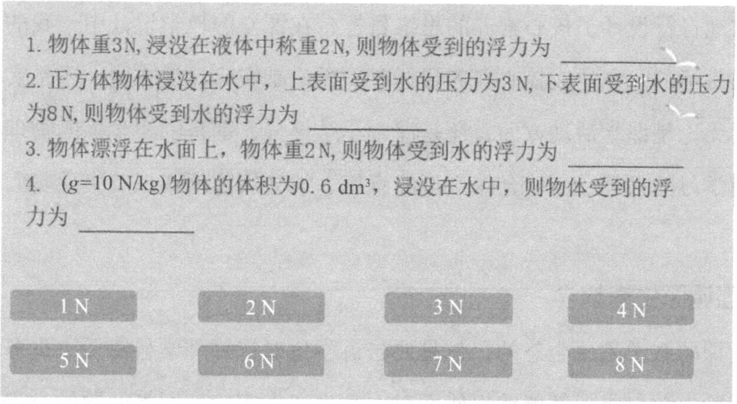

1. 物体重3N, 浸没在液体中称重2N, 则物体受到的浮力为 ________
2. 正方体物体浸没在水中，上表面受到水的压力为3N, 下表面受到水的压力为8N, 则物体受到水的浮力为 ________
3. 物体漂浮在水面上，物体重2N, 则物体受到水的浮力为 ________
4. (g=10 N/kg) 物体的体积为0.6 dm³，浸没在水中，则物体受到的浮力为 ________
1N
2N
3N
4N
5N
6N
7N
8N

图 3-18　课堂练习

七、课后作业

①制作"浮沉子"。

②利用浮力计算的四种方法解释曹冲称象的原理。

八、教学总结

1. 强调"希沃白板"与初中物理教学的深度融合

信息技术与物理学科的深度融合是本节课中一大亮点。这个原创课件是 2020 年 4 月入选到希沃学院的高阶作业，是经过精心准备与设计的，在课件的互动性方面进行了有效突破，特别是拖拽、克隆、课堂活动，这都是希沃互动课件的优势。视频嵌入也具有稳定性，不需要担心视频文件在播放时卡顿导致一体机死机等问题。还有希沃班级优化大师对于学生的评价也对学生有一个激励性的正面的作用，长期坚持，对于培养学生学习心态、学习能力都是非常好的。

2. 强调初中物理核心素养的培养

本节课中，教学目标和学习目标都是从物理观念、科学思维、科学探究、科学态度与责任四个维度进行设计的。这是一种尝试，更是一种教学理念的更新。本节课我勇敢地自行设计了核心素养的思维目标，在课堂的教学设计中，我的心中总是藏着四维目标的。在达成核心素养目标时，无论是实验设计方面，还是实验总结归纳方面，无论是课堂活动方面，还是课堂小结部分，都是围绕学生的物理概念的建立、物理学习的兴趣、实验合作交流的意识、学会用物理知识解决现实问题的能力展开的。

3. 强调原生态教学

本堂课的教学是原生态的，就是要告诉学生对待物理学科需要求真务实的科学态度，实验失败与成功都能够坦然面对。学生在做实验和回答问题的过程中总会有这样或者那样的错误，这个是非常好的，正因为有了错误才能证明学生经过了自己的思考与判断。这是我长期反复强调的"原生态思维""原生态过程"，学生在这种容错、纠错的过程才能得到充分的成长与发展。

4. 强调"大单元"教学设计

本堂课遵从了"大单元"教学设计。浮力计算的四种方法和物体的浮沉条件的总结与归纳是恰到好处的，特别是"大单元"教学设计理念的体现与运用。本堂课中，我对于教材进行了一个大胆的重构，从自习检测与下一个课时物体浮沉条件的应用（轮船、潜水艇、热气球）来看，学生完成情况达到了理想的状态。因为学生对浮力的计算方法与技巧已经掌握到位，所以学生理解轮船、潜水艇、热气球的原理和思维是水到渠成的，而不是突兀的。

5. 强调以学生为中心

一堂课是否成功重点要看是否以学生为中心。在本堂课中，老师的角色仅仅是引导者，课堂主体是学生。以学生为中心的教学设计是一堂优质课的必备前提。无论是引入，还是浮沉条件的归纳与推导，无论是四种浮力计算的方法的总结归纳，还是重点、难点突破的课堂活动，所有的教学设计都是围绕学生来进行的。尽管物体的浮沉条件和计算浮力的四种方法的内容较难，但是学生能够较为顺利地掌握与消化，还是得益于以学生为中心的教学设计理念的指引。当然，也有不足之处，在教学中还可以多放手一点，学生答问的人数还可以更多一点。

第七节 透镜及其应用单元复习课

一、教学目标

1. 知识与能力

了解凸透镜和凹透镜。

2. 过程与方法

①通过对实物和光路图的观察，培养学生观察能力与画图能力。

②通过探索凸透镜成像规律，培养学生研究、探索新问题的能力。

③通过本章知识体系的概括，提高学生整理归纳知识的能力。

3. 情感态度与价值观

通过介绍透镜的"隐身术"，让学生充分感知物理是有用的与有趣的，激励学生利用所学物理知识为人类的生产生活服务。

二、教学重点、难点

重点：凸透镜成像规律。

难点：凸透镜成像规律的初步应用。

三、教具

多媒体课件、自编学案、凸透镜。

四、学情分析

作为刚刚结束透镜及其应用新课教学的八年级学生而言，学生求知的新鲜感是宝贵的，但是对于知识的整合与拓展能力是相对薄弱的，特别是光学的作图与设计能力是我们在本章中要重点培养的，所以本节课的设计就是围绕"图"与"表"来设计。对于光路图，学生自己要会画会设计，表格主要是帮助学生对一个板块的知识进行整理。通过本堂课下来，学生最重要的就是学会用光路图去解决光学问题，用表格进行知识的整理。在这个过程中，学生的作图能力、知识整合能力将会得到大幅度提高，物理学科素养得到有效培养，学生由新课的感性认识逐渐地上升到复习课的理性认识。

五、教学过程

（一）引入课题

播放中央电视台《是真的吗？》节目中的凸透镜使物体隐形实验片段，引出问题"透镜能让物体隐形吗？"，然后和学生一起复习"透镜及其应用"来回答这个问题。

（二）知识梳理

1. 两种透镜

（1）两种透镜简介（表3-9）

表3-9　两种透镜简介

名称	类型	定义	形状	对光线的作用
凸透镜	会聚透镜	中间厚边缘薄的透镜叫做凸透镜	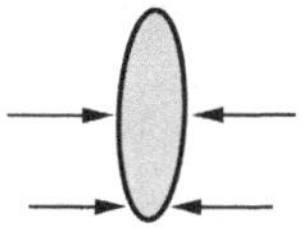	会聚
凹透镜	发散透镜	中间薄边缘厚的透镜叫做凹透镜	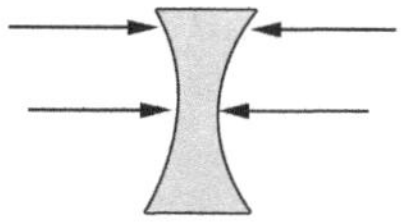	发散

（2）主光轴和光心

主光轴：通过两个球面球心的直线。

光心：主光轴上有个特殊的点，通过它的光线传播方向不变。

凸透镜的主光轴和光心如图3-19（a）所示，凹透镜的主光轴和光心如图3-19（b）所示。

（3）焦点和焦距

实焦点：平行于主光轴的光线经凸透镜折射后，会聚于主光轴上的一点，这一点叫焦点。

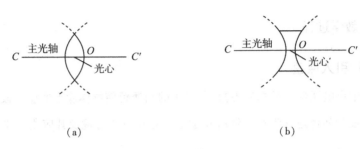

（a）　　　　　　　　　　　（b）

图 3-19　主光轴和光心

虚焦点：平行于主光轴的光线经凹透镜折射后，其折射光线的反向延长线相交于主光轴上的一点，这一点叫焦点。

焦距：焦点到光心的距离。

凸透镜的实焦点和焦距如图 3-20（a）所示，凹透镜的虚焦点和焦距如图 3-20（b）所示。

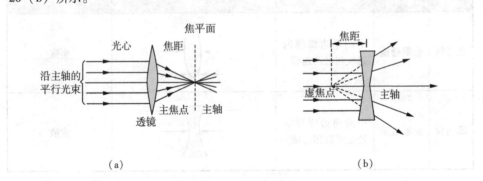

（a）　　　　　　　　　　　（b）

图 3-20　焦点和焦距

（4）光线经过透镜的光路图（图 3-21）

2. 凸透镜成像规律

（1）实像与虚像

实像：由实际光线会聚而成的像。实像可以呈现在光屏上，也可以令胶片感光。

虚像：不是由实际光线会聚而成的像。虚像不能呈现在光屏上，也不能令胶片感光。

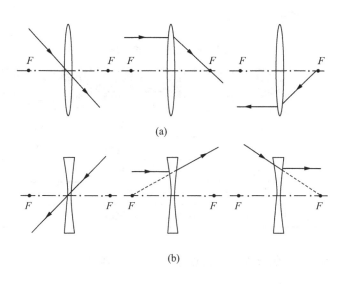

(a)

(b)

图 3-21 光线经过透镜的光路图

（2）物距与像距

物距：物体到光心的距离。符号为 u。

像距：像到光心的距离。符号为 v。

（3）凸透镜成像的几种典型情况（图 3-22）

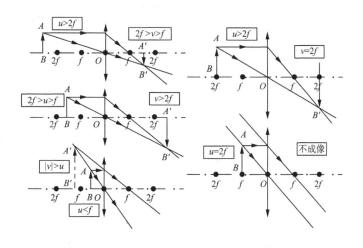

图 3-22 凸透镜成像的几种典型情况

（4）凸透镜成像规律（表3-10）

表3-10   凸透镜成像规律

物距 u	像的特点				像距 v	应用
	倒与正	大与小	虚与实	与物的位置		
$u>2f$	倒立	缩小	实像	异侧	$f<v<2f$	照相机
$u=2f$	倒立	等大	实像	异侧	$v=2f$	
$f<u<2f$	倒立	放大	实像	异侧	$v>2f$	投影仪
$u=f$	不成像					
$u<f$	正立	放大	虚像	同侧		放大镜

（一焦分虚实，二焦分大小；物近像远大，物远像近小；实像异侧倒，虚像同侧正。）

（三）典型题例

例1   如果把一个玻璃球分割成五块，其截面如图3-23所示，再将这五块玻璃 a、b、c、d、e 分别放在太阳光下，那么能使光线发散的是（   ）

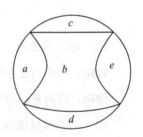

图3-23   例1图

例2   在探究凸透镜成像实验中，点燃的蜡烛分别放在 a、b、c、d、e 五个位置，如图3-24所示。

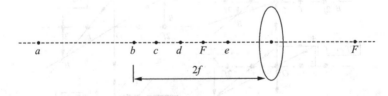

图3-24   例2图

（1）蜡烛放在_____点处所成的实像最小，其成像原理被用于制作_____。

（2）放在_____点处得到的实像比蜡烛大，其成像原理被用于制作_____。

（3）放在_____点处可以看到放大的虚像。

（4）若在实验中发现光屏上所成烛焰像偏上，为使像成在光屏中央处，应向_____（选填"上"或"下"）方调节蜡烛的位置。

（5）若在实验中，在距凸透镜20 cm的光屏上得到一个清晰的，与烛焰等大的像，则该凸透镜的焦距为_____cm，此时蜡烛到凸透镜的距离为_____cm。

（6）蜡烛从 a 移到 c 过程中，要在光屏上获得清晰的像，光屏应向_____（填"靠近"或"远离"）凸透镜的方向移动。

（7）在做"研究凸透镜成像规律"的实验中，小华同学先把凸透镜固定在光具座上，然后把点燃的蜡烛和光屏分别放置在透镜的两侧，但他无论怎样左右移动光屏，都不能在光屏上呈现出烛焰的像。请你分析其中可能的原因_____
_____（写出一种即可）。

（四）小结归纳（图3-25）

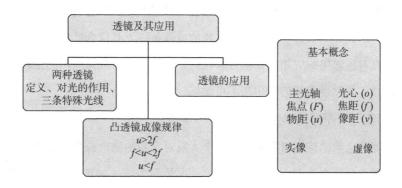

图3-25 小结归纳

学习了透镜的成像规律，我们就知道，通过透镜组合，是可以使物体隐形的。

六、教学总结

我的这堂复习课获得了2019年省级优课，下面是我对这堂课的总结。

1. 用光路作图启发学生的光学思维

在光学学习中，我一贯重视光路作图。光学实验能帮助学生建构良好的光学概念与规律，而光路图在培养学生形成科学的光学思维方面有着其特有的优势。在本节课中，利用凸透镜的三条特殊光线来完成 $u>2f$、$f<u<2f$、$u<f$ 这三种成像条件下的成像特点是我在新课教学和复习课教学中一直不会忽视的环节与内容，在教材上这个是没有显性化的。刚开始学生对于三种成像特点与规律记得不是很熟练，喜欢张冠李戴，利用光路图能很好地解决这些问题。三条特殊光线的光路图，可以贯穿整个章节的复习，这是帮助学生内化概念与规律的需要，学生在复习光学时，能够自然而然地运用作图来解决很多问题。

2. 用表格梳理，指导学生复习

无论是新课还是复习课，表格是我在课堂中喜欢运用的。新课是把教材由薄变厚，而复习课则是由厚变薄，梳理知识的方法有很多，而使用表格是其中一种比较便捷的方法。表格法最适合用于比较，本节课中的凸透镜和凹透镜、实像和虚像、物距和像距、实焦点和虚焦点这些概念看上去很像其实又不像，学生最易混淆，可以建立表格来比较它们，这样它们的异同就一目了然。而凸透镜成像规律通过表格来总结与归纳，让学生进一步知道什么样的成像条件下有什么样的成像特点，怎样的成像特点对应怎样的应用。在复习验收时，学生们概念规律应用的正确率有明显提高与回升，我觉得表格的作用功不可没。

3. 用典型例题帮助学生突破重点、难点

本节课我选取的例题只有两道，我个人反对在初中物理课堂中无限制无底线地刷题，例题建议精选精讲，不要把思维量和题量画等号。本节课的重点和难点都是凸透镜成像规律，在复习课中突破重点、难点主要依托典型例题，而例题是要靠教师在备课时认真挑选认真设计的。课堂上一个例题讲评的时间可能只有 5 min，但是挑选与设计这道例题需要 50 min 甚至是 500 min。这个备课时间是必须要花的，也是值得花的。通过典型例题来突破复习中的重点、难点是我们每节复习课要重点考虑与践行的。

4. 用问题解决协助学生沉淀科学素养

在本堂课引入中，我用到了中央电视台《是真的吗?》节目中凸透镜使物体隐

形的实验片段。学生学习物理的目的之一是能够发现问题并解决问题，我们在教学中始终要倡导学生带着问题来，带着答案走，问题解决要伴随着课堂全程。在这堂凸透镜成像的复习课中，学生对于凸透镜隐形原理的认识开始还是有一些模糊的，通过本节课的复习，学生对于凸透镜隐形原理有了较之前深入一些的理解。其实要真正理解凸透镜隐形原理需要用到高中阶段的光学知识，但是这里用到这个例子是能够激起学生兴趣的，这样也可以避免复习课的枯燥。在这个问题解决的过程中，学生在物理学科方面的知识、能力、方法等科学素养就会提升和积淀。问题的解决一定不要是空洞的，最好是学生喜爱的，是学生可以触碰到的，也可以是世界、国家发展前景中需要的。小问题大方向，小问题大课题，小问题大学问，学生在这些问题的解决过程能培养出真正的科学素养。

第八节　内能单元复习课

一、教学目标

1. 知识与能力

①能够非常熟练地运用分子动理论解决生活中常见的物理问题。

②能够熟练地区分内能与机械能这两种不同形式的能。

③能够熟练地辨析改变内能的两种方式。

④能够弄清温度、热量、内能三者之间的联系与区别。

⑤能够深刻地理解比热容的定义、公式及其物理意义。

2. 过程与方法

利用思维导图进行复习，利用数学知识解决物理问题，利用物理知识解决生活中的常见物理问题，强调学科渗透与融合。

3. 情感、态度与价值观

在复习整理本章热学相关知识点，掌握物理思维方法的同时，要学会克服困难，面对挫折不放弃，学会乐观面对生活和学习中的困境。

二、教学重点、难点

重点：比热容的定义、公式及其物理意义；改变内能的两种方式。

难点：温度、热量、内能三者之间的联系与区别。

三、教学过程

（一）思维导图再复习

利用思维导图（图 3-26）梳理本章知识。

(a)

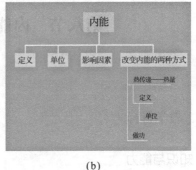

(b)

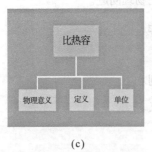

(c)

(d)

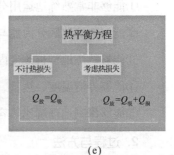

(e)

图 3-26 思维导图

（二）重点、难点突破

学生试着完成例1到例5，老师再评讲。

例1 （2018·衡阳）关于分子动理论，下列说法正确的是（　　）

A. 打开香水瓶，不久满屋子都能闻到香气，说明分子在永不停息地做无规则运动

B. 打扫教室时，看到灰尘在空中飞舞，说明分子在永不停息地做无规则运动

C. 酒精和水混合后体积减小的实验，说明分子间有引力

D. 堆在墙角的煤会使墙体内部变黑，说明分子间有引力

（例1考点：能够非常熟练地运用分子动理论解决生活中常见的物理问题。）

例2 关于内能和机械能的下列说法正确的是（　　）（多选）

A. 内能和机械能各自包含动能和势能，因此，本质上是一样的

B. 物体的内能和机械能均不可能为零

C. 一个物体的机械能可以为零，但它的内能永远不可能为零

D. 物体的机械能变化时，它的内能可以保持不变

（例2考点：能够熟练地区分内能与机械能是两种不同形式的能。）

例3 （2018·宁波）下列事例中，改变物体内能的途径与其他三项不同的是

（　　）

A. 柴火烧水　　　B. 压缩空气发热　　　C. 冬天搓手取暖　　　D. 钻木取火

（例3考点：能够熟练地辨析改变内能的两种方式。）

例4 （威海中考）下列有关温度、热量、内能的说法，正确的是（　　）

A. 物体吸收热量，内能一定增加，同时温度一定升高

B. 物体温度升高，不一定吸收热量，但内能一定增加

C. 物体温度升高，内能不一定增加，但一定吸收热量

D. 发生热传递时，热量总是从内能大的物体传递给内能小的物体

（例4考点：能够弄清温度、热量、内能三者之间的联系与区别。）

例5 （2014·盐城）小明在学习"物质的比热容"时，取相同质量的水和沙子，用相同的酒精灯加热，测得它们升高的温度如表3-11所示，并在图3-27乙中作出沙子升高的温度随时间变化的图线。

表3-11 例5表

加热时间/min		0.5	1.0	1.5	2.0	2.5
升高的温度/℃	水	2.0	4.0	6.0	8.0	10.0
	沙子	4.3	7.9	15.2	18.4	21.5

（1）用温度计测量水的初温如图3-27甲所示，其读数为_____℃。

（2）实验中选用相同的酒精灯加热，可以认为相同时间内水和沙子_____相同。

图3-27 例5图

（3）请利用表中数据在图乙中作出表示水升高的温度随时间变化规律的图线。

（4）沙子在1.0~1.5 min内升高的温度有明显异常，其主要原因是_____ _____。

（5）小明再用50 g水和100 g水做实验，以吸收的热量 Q 为纵坐标，升高的温度 Δt 为横坐标，分别画出50 g水和100 g水的 Q-Δt 图像。它们都是过原点的直线，即 $Q=k\Delta t$。进一步分析，发现这两条直线的 k 值与对应水的_____之比相等。

（例5考点：能够深刻地理解比热容的定义、公式及其物理意义。）

（三）重点、难点再检测

学生自主完成检测。

1. 关于热现象，以下说法正确的是（　　）

A. 物体的机械能和物体的内能是同种形式的能，都与物体的机械运动和分子热运动以及分子间的相互作用情况有关

B. 铁丝很难被拉断，说明分子之间只存在引力

C. 分子之间存在着相互作用的引力和斥力

D. 扩散现象只能说明分子是运动的，不能说明分子之间存在空隙

2. 关于热量、温度、内能之间的关系，下列说法正确的是（　　）

A. 物体温度不变，一定没有吸热　　　　B. 物体吸收热量，温度一定升高

C. 物体温度升高，内能一定增加　　　　D. 物体温度升高，一定吸收热量

3. 爆米花是将玉米放入密闭的铁锅内，边加热边翻动一段时间后，当铁锅突然打开时，随着"砰"的一声，玉米变成玉米花。下列说法正确的是（　　）

A. 玉米粒主要通过翻动铁锅对其做功，使其内能增加

B. 玉米粒主要通过与铁锅间的热传递，使其内能增加

C. 玉米粒内水分受热膨胀对粒壳做功爆开，内能不变

D. 玉米粒内水分受热膨胀对粒壳做功爆开，内能增加

4. 由于水的比热容比沙石或干泥土的比热容大，所以在沿海地区陆地表面的气温比海面的气温昼夜变化显著。因此（　　）

A. 白天的海风多是从陆地吹向海面，夜晚的海风多是从海面吹向陆地

B. 白天的海风多是从海面吹向陆地，夜晚的海风多是从陆地吹向海面

C. 白天和夜晚的海风多是从陆地吹向海面

D. 白天和夜晚的海风多是从海面吹向陆地

5. 两个同样的烧杯，内装温度、质量相同的水和某种液体，用同样的酒精灯加热，每隔 1 min 记录一次它们的温度，测得数据如表 3-12 所示。

表 3-12　实验数据

时间/min	0	1	2	3	4	5
水的温度/℃	20	22	24	26	28	30
某种液体的温度/℃	20	23	26	29	32	35

回答下列问题：

(1) 在加热时间相同的条件下，升温快的是_____；

(2) 如果它们升高相同的温度，_____吸收的热量多；

(3) 由此可根据公式_____，推出 $C_水$_____$C_液$（填"＞""＜"或"＝"）；

(4) 根据以上数据可算出 $C_液$ = _____。

（四）课堂小结（图3-28）

图中内容：

物质的构成：常见的物质是由大量的分子、原子构成

分子热运动 — 分子的热运动：一切物质的分子都在不停地做无规则运动

分子间的作用力：分子之间既有引力又有斥力

定义——物体内部所有分子由于热运动而具有的动能以及分子之间的势能总和

一切物体，不论温度高低都具有内能

内能 — 影响因素——物质的温度、种类、状态、质量等

改变内能的方式 — 热传递 — 内能的转移 / 条件：温度差

做功 — 内能的转化 — 对物体做功——物体内能增大，温度升高 / 物体对外做功——物体内能减小，温度降低

分子动理论与内能

比热容 — 定义——一定质量的某种物质，在温度升高时吸收的热量与它的质量和升高的温度乘积之比

意义——表示不同物质的吸收或放出热量的强弱

单位——焦每千克摄氏度，J/（kg·℃）

比热容是物质的特性，只与物质的种类、状态有关

热量的计算 — $Q_吸 = cm(t - t_0)$ / $Q_放 = cm(t_0 - t)$ / 热平衡方程(理想化)：$Q_吸 = Q_放$

热值 — 定义——燃料完全燃烧放出的热量与其质量之比

单位 — 焦每千克，J/kg / 焦每立方米，J/m³

公式 — 固体、液体——$Q = mq$ / 气体——$Q = vq$

热值是燃料的特性，只与燃料的种类有关

热机的效率公式——$\eta = W_有/Q_总$

图3-28　课堂小结

（五）课堂升华

播放石门柑橘宣传片，请学生说说视频中哪个内容与本章内容相关。

四、教学总结

我的这堂复习课在 2019 年晒课活动中获评省级优课，下面是我对这堂课的总结。

1. 思维导图，化零为整

在课堂开始和结束环节，都给学生展示了思维导图。无论是哪一种思维导图，都是化零为整，目的是帮助学生建立知识树状图，让学生形成较为完整与系统的微观热学体系。本来微观热学是非常抽象的，学生理解起来也是比较辛苦的，所以在复习课的设计上动用了思维导图，让学生在八年级的宏观热学的感性认识上再上升到九年级的微观热学的理性认识，这是循序渐进的一个过程，也是在初中物理复习课中我常常要用到的一种方法。

2. 重要考点，逐个击破

这个课时中，我设计了五道例题，每道例题都对应一个考点。这节课的定位就是多个知识点的交叉综合性应用，所以考点也是交叉的，不是单一的。在选择考点时，要综合课标与考标，更要结合学情。温度、热量、内能是学生们容易混淆的，学生只有真正理解温度和内能是状态量，热量是过程量，物体吸收热量，内能增加，温度不一定升高，才能较好地理解温度、热量、内能的区别与联系。而比热容的定义、公式以及物理意义是非常重要的考点，我选择了一道实验探究"比热容"题来让学生掌握这个考点。在这里，重要考点的选择是首要的，然后根据重要考点选择经典例题，只有这样才能逐个击破重要考点，更好地帮助学生完成本章的复习。

3. 学生主体，基于学情

在本节复习课中，给学生主动思考与练习的时间占比达到了 70% 以上，这个占比是将课堂还给学生的教学思想的体现，是适应学生是课堂的主体的教学策略的调整与改变。课的环节怎么设计，元素如何嵌入，典型例题如何挑选与改编，哪些是学生难于消化的重点、难点，这一切都应该基于学情。思维的台阶设置得太缓，学生容易疲倦，思维的台阶设置得太陡，学生容易畏难，这需要教者很长时间的摸索。在例5中，我就设置了五个步骤，后一个步骤比前一个步骤在思维的难度上要提升一些。在解例题中，我基本上都是让学生先发表自己的看法，不仅要学生能够讲出这个题目应该是什么答案，更重要的是要讲出为什么是这样的答案。学生的主体地位在课堂中凸显得越多，课堂的生成就越高效，教与学的效率都会越高。

本堂课在启发学生思维，引导学生对知识进行梳理方面是很成功的。特别是例5的选择，既强调了物理实验，还渗透了物理学科与数学学科的融合，效果很好。通过例题示范与学生自行练习，培养了学生推理、归纳、判断、整合等物理思维能力，培养了学生认真思考、独立思考、学会提问等核心素养。

参考文献

［1］中华人民共和国教育部.《国家教育事业发展"十三五"规划》学习辅导读本［M］.北京：教育科学出版社，2017.

［2］中华人民共和国教育部.普通高中物理课程标准（2017年版）［M］.北京：人民教育出版社，2018.

［3］中华人民共和国教育部.义务教育物理课程标准（2022年版）［M］.北京：北京师范大学出版社，2022.

［4］林崇德.21世纪学生发展核心素养研究［M］.北京：北京师范大学出版社，2016：30.

［5］吴潇.从"三维目标"到"核心素养"：物理课程目标的统整与重构分析［J］.中学物理教与学，2019（3）：27-42.

［6］孟秀兰，魏国强.初中物理教师专业发展指导［M］.北京：科学出版社，2015.

［7］优才教育研究院.初中物理课堂教学典型问题解决案例［M］.成都：四川大学出版社，2013.

［8］杨九诠，尹后庆.学生发展核心素养三十人谈［M］.上海：华东师范大学出版社，2017.

［9］仲新元.初中物理习题情境设计探索［M］.上海：上海科学技术出版社，2018.

［10］钟启泉，崔允漷，刘铁芳.核心素养研究［M］.上海：华东师范大学出版社，2018.

［11］钟启泉，崔永漷. 核心素养与教学改革［M］. 上海：华东师范大学出版社，2017.

［12］廖伯琴，等. 中学物理课程改革的目标与实施［M］. 北京：高等教育出版社，2003.

［13］秦晓文，等. 基于学生发展核心素养的学业标准［M］. 北京：北京师范大学出版社，2020.

［14］任晔. 初中物理电学单元教学设计中的内容统整与边界把握［J］. 中学物理教与学，2019（11）：42-44.

［15］蔡铁权. 基于物理观念的高中物理单元设计［J］. 中学物理教与学，2020（5）：16-20.

［16］张玉峰. 基于学习进阶的物理单元学习过程设计［J］. 中学物理教与学，2020（5）：9-15.

［17］林明华. 高中物理教学中科学思维教育的落实［J］. 中学物理教与学，2019（5）：9-12.

［18］胡成. 基于数字化实验的科学探究能力培养［J］. 物理教学，2020（6）：30-33.

［19］范永梅. 凸显学科情怀　构建物理"德育场"［J］. 物理教学，2020（9）：12-14.

［20］任学宝. 从教学监测到精准教学［J］. 课程·教材·教法，2020（5）：38-44.

［21］齐占波，耿相亦. 优化实验教学　培养学生思维能力［J］. 中学物理，2020（10）：39-41.

［22］郭庆. 基于学习进阶理论的探究实验教学研究［J］. 物理教学探讨，2020（10）：21-24.

［23］詹玲艳，李春兰. 浅议初中物理深度学习的课堂建设［J］. 中学物理，2020（10）：21-23.

［24］李祎祎，喻平. 非智力因素的心理学研究对中学数学教学的启示［J］. 教育研究与评论（中学教育教学），2020（9）：24-31.

［25］葛正洪. 从核心素养谈物理新教材"问题"栏目的设计［J］. 中学物理教与学，2020（4）：25-27.

［26］华志远. 以数学为中心的高中跨学科教学路径初探［J］. 教育研究与评论（中学教育教学），2020（3）：26-30.

［27］张德启，李新乡，陶洪，等. 物理实验教学研究［M］. 北京：科学出版社，2005.

［28］毛福文. 初高中物理教材脱节现象分析及对策［J］. 中学物理教与学，2019（6）：31-33.

［29］陈伊淳，陈刚. 试论"力臂概念"教学改进的有效性：基于信息加工心理学视角［J］. 中学物理，2021，39（4）：8-11.

［30］李眉眉，邓泽华. 初中物理课堂教学艺术［M］. 北京：中国林业出版社，2005.

后　记

　　这本教学专著从 2020 年 6 月开始撰写到 2022 年 10 月出版，经历了两年半的时间，我从石门三中调到石门四中，被评为湖南省第十一届特级教师，并连任常德市初中物理教师（杨娟）工作坊坊主，而常德市第三届初中物理名师（杨娟）工作室和湖南省名师网络工作室杨娟初中物理工作室也被省市有关机构认定。两年多来，作为一名基层初中物理教师，专著的创作过程本身是一个非常辛苦且艰难的过程，最难的是坚持，要克服生活与工作上的各种困难，要克服自己理论水平的不足，更要克服自己的惰性，虽然从思想上也想着"躺平"，但是内心深处依然有着强烈的对教育的情怀与热爱。上有国家和组织的培养与激励，下有年轻教师的期盼与需求。这本书即将和大家见面，我期待，这本书能或多或少与大家产生一些思想上的碰撞，能给大家些许的启示。在对自己教学策略和案例的梳理中，我还是坚持教学思想比教学行为更重要，思路决定出路，有什么样的教学思想才会有什么样的教学行为。作为一名义务教育阶段的物理教师，只有选择紧跟国家顶层设计的教育方针与政策，认真解读最新版本的课程方案和课程标准，才能出色地完成国家下达的"为党育人、为国育才"的人才培养目标，才能培养一批又一批的德才兼备的社会主义建设者与接班人，才能让孩子们在未来主动担当起中华民族伟大复兴的历史使命与历史责任。

　　上好一堂高质量的物理课，是我教学生涯永远追求的，教无止境，学无止境！

杨　娟

2022 年 9 月